Adolf Endler
Ohne Nennung von Gründen
Rotbuch 304

Adolf Endler

Ohne Nennung von Gründen

Vermischtes aus dem poetischen Werk des Bobbi »Bumke« Bergermann

Rotbuch Verlag Berlin

Umschlagfoto: Nelly Rau-Häring
Satz und Druck Poeschel & Schulz-Schomburgk, Eschwege
Printed in Germany.
ISBN 3 88022 304 1

Inhalt

Widmung für Paula

1

Zu viel exorbitante Arbeit der Poesie im Namen der Liebe

2

Danke Du machst mich mit Deiner Liebe staatsbewußt-
stolzen ganz stumm

3

. . . .

Ichkannixdafür

1

Mit dem gestohlenen Laster voll Buntmetallen nach Bonn hinuntergeschippert – um genau zu sein, nicht Bonn im engeren Sinn –,
Bin ich noch ganz normal 'raus; aber dann sofort von der Laderampe gefallen, und zwar mit der Birne nach vorn, und das mit Karacho.
Seit diesem Moment bin ich Lyriker, Mademoiselle! Ja, so wird es gewesen sein, Mademoiselle, nicht andersherum.

2

Die Essayistik, das haben Sie richtig beobachtet, setzte erst lange Zeit später, freilich ebenso plötzlich ein;
Und zwar nach einem ähnlich peinlichen Zwischenfall in Aschaffenburg, einer vom Wesen her nicht unangenehmen Ortschaft,
In der mir indessen die Denkmalspflege beim Mittagsgeläut aus beachtlicher Höhe ein Brett auf den Kopf sausen ließ.*

3

Für mein Romanwerk jedoch ist mit Sicherheit die Verdiente Fischereigenossenschaft HERINGSSEGEN auf Rügen haftbar zu machen
– Ich kann, Mademoiselle, für das alles eigentlich nicht so richtig dafür –, welche erst die Voraussetzungen für die Ereignisse schuf,
In deren Verlauf ich ausrutschte wie noch nie, und zwar auf Heringssalat, und mir tüchtig die Schnauze aufschlug ... (Oder waren es Sprotten?)

* Der Autor siedelte 1955 in die kunstfreundlichere DDR über. (A. E.)

Pausenlos Modenschauen //

Aus dem Briefwerk Bobbi »Bumke« Bergermanns

> »Durchsichtigkeit ist eine löbliche Eigenschaft von Fensterglas.« (Maxim Gorki)
> »So gut wie jeder dürfte irgendeine Briefmarke finden, mit der er sich gerne frankieren möchte.«
> (B. »B.« B.)

I

Weitere Post von Bobbi »Bumke« Bergermann – bitte, nicht zu verwechseln mit dem bekanntlich längst verstorbenen gleichfalls schriftstellerisch tätig gewesenen Bobbi »Banane« Bergermann, dem Onkel! –, weitere Briefe, oder wie man es immer nennen will, von BeBeBeZwo also, kundschafterartige Berichte aus den Dschungeln der Televisionsmetropole Groß-Gabichtsgrund, wie sie mich vor drei oder vier Jahren im Sommer, Herbst und Winter 2003 (in Worten: Zweitausendunddrei), aber auch später noch in außerordentlich lückenhafter Folge erreichten – adressiert der ganze Klimbim an einen gewissen Eddi »Pferdefuß« Endler, eins meiner sieben Doubles, wohnhaft laut Polizeiauskunft in Devils Lake / North Dakota, Dunckers Street 18 (in Worten: Eighteen), dritte Blockhütte hintenraus links, vier Treppen, wo Eddi auch heute noch haust und soeben wieder einmal, dieser *schlagendste* Beweis seiner Schizophrenie, ein vollkommen überflüssiges Klagelied darüber anzustimmen geneigt ist, wie splitterhaft-fragmentarisch doch das epistolarische Œuvre seines Freundes Bobbi der breiteren Öffentlichkeit übermittelt sein wird, wenn es eines näheren oder ferneren Tages eventuell in Buch-Form der breiteren Öffentlichkeit übermittelt worden sein mag ... Ich spreche, wie man bemerkt haben wird, vom Herausgeber, spreche von mir, dem Empfänger der beinahe klassisch anmutenden Bergermannschen Ergüsse, welcher sich freilich nicht *mehr* als unbedingt nötig in den Vordergrund schieben möchte, zwanzig Zentimeter müßten für den Anfang ausreichend sein! Für solche gezierte Bescheidenheit gibt es genügend Gründe, vor allem aber den *einen:* Der Charakter der Briefe erlaubt keinen Zweifel daran, um mich auch einmal *so* auszudrücken, daß sie viel weniger für den Adressaten und Freund als eben für den sogenannten Leser bestimmt waren, folglich für eine spätere Drucklegung möglichst in den schöneren Zeiten, wie sie z. Z. für die Jugend erkämpft werden von der jetzigen Väter-, auch Mütter-Generation: Ein Revival des Klassischen Reisebriefs also, wohl von den wenigsten noch erhofft zu Beginn des dritten Jahrtausends, ja, selbst vom Herausgeber bis zur Stunde immer wieder mit einem erstaunten, ungläubig wirkenden Kopfschütteln leidvoll quittiert, leidvoll vor allem wegen der vielen auf dem Postweg offensichtlich abhanden gekommenen Stücke, höchstwahrscheinlich wahre Kostbarkeiten darunter ... Ach, welchem unverwüstlichen Reißwolf westlicher oder östlicher Prägung sie geschmeckt haben mögen!? Aber das ist er, der Preis einer sonst recht glanzvollen »Underdog«-Existenz als Pionier der neueren DDR-Literatur in Devils Lake/North Dakota! Man hat sich also einen Herausgeber auszumalen, der – als Herausgeber wenigstens – nicht zu den *Allerglücklichsten* zählt, wie gelockert und hingeflatscht er auch immer auf seinem typisch US-amerikanischen Schaukelstuhl hin- und herschaukeln mag, dieser allmählich in den gemütlicheren Teil des Greisenalters hinüberwachsende ehemalige Prenzlauer-Berg-Bonvivant, beim Geplätscher des Devils Lake gelegentlich ein Blatt mit dem nervös Getippten oder Hingekrakelten Bobbi Bergermanns vor den mählich verdämmernden Augen, der verwehte Nostalgiker, noch immer an Meditationen im *Schrittmaß der achtziger oder neunziger Jahre* verloren; auf eine dementsprechend lädierte Weise in sich hineinlächelnd wirft er dann und wann eine kleine Notiz nach hier und nach dort, da er hin-, da er herschwingt, dem fichtengezackten Saum der kanadischen Wälder näher jetzt, jetzt wieder entfernter, Notiz um Notiz: Die Samenkörner zu dem vorliegenden ganz und gar unerläßlichen Glossarium im britischen Essay-Stil mögen es sein, dessen *Endfertigung* freilich der Zugrundelegung des Autors durch eine andere, stabilere Sitzgelegenheit heischt ... Man hat sich also einen Herausgeber vorzustellen, welcher während der späteren Abendstunden den Schaukelstuhl verworfen hat und nun die rustikale sogenannte »Western-Munitionskiste« der Firma »McLUHANS OLD TENNESSEE WHISKEY« bevorzugt, zweimal in der Woche gegen eine neue eingetauscht, diese Kiste mit den urtümlich blickenden Eisenbeschlägen, den derben Strickgriffen und den wie brandgestempelt ins Holz eingeprägten Initialen »E. ›P‹. E.« (den Initialen des Käufers: welch ein Service!), beinhaltend sechs große Flaschen McLUHANS, das Ganze mit Recht als »Das größte Whiskey-Präsent der Welt« annonciert; eine Gabe der *puren Natur* jedenfalls aus amerikanischen Landen, welche wenigstens für einige Stunden des Tages die Lücken im Bergermannschen Briefwerk erträglicher zu machen imstande ist und mich gelegentlich sogar zu dem Risiko hochreißt, sie (die Lücken) mit Eigenem auszufüllen, sofern es der Wirklichkeit standhält – dies alles den Kleinkleckersdorfern ins Stammbuch! –, höchst delikate editorische Praktiken, gewiß, literarische Herz- oder Nierentransplantationen, in die ich einzuwilligen erst dann bereit bin, wenn ich mir vorher die mitgelieferte »Mc LUHANS-Barkeeper-Schürze aus echtem Tennessee-Leinen« umgebunden habe, im Kistenpreis *miteinbegriffen*, sowie die sechs kraftvollen Original-McLUHANS-Pints, gut gefüllt, als Beleuchtung rings um mich herum aufgestellt habe wie kleine stämmige Wichtelmännchen ... Die Prosa, die Sie jetzt gerade lesen oder hören, ist das Ergebnis solcher sagenhaften Konstellation und dürfte diese wohl schwerlich desavouieren! – Unter welchen Bedingungen Bobbi »Bumke« Bergermann die folgenden Briefseiten niedergeschrieben hat, läßt sich dagegen noch nicht einmal ahnen, immer noch auf der Wanderung er, unser Freund, als *persönlicher Regenschirmträger*, auch so'n neuer Beruf!, des bislang einzigen Literaturnobelpreisträgers der DDR Gunnar Alltsch durch die Studios (sieben Programme) und driftenden Trakte des sogenannten Televisionskontinents Groß-Gabichtsgrund, dem früher so rührend kleinen und übersichtlichen Adlershof, beide Herren auf der Suche nach dem Diskussionstisch des allwöchentlichen PROFESSOREN-

BESTIARIUMS und dessen Moderator Ivan Anchovis, beide, ja, alle beide eingeladen, ob auch unterschiedlichen literarischen Ranges – worauf Bobbi Bergermann wohl rechtens immer wieder gepocht hat –, auf Büttenpapier und handschriftlich eingeladen von Ivan Anchovis zu einer Diskussions-Sendung mit dem verlockenden und blitzgescheiten Thema: *»Hat der Roman noch eine Zukunft* – oder vielleicht auch nicht?« (Eine Frage, die wieder einmal aus zwei Teilen bestand!) – Obwohl vom Herausgeber selber sicher noch manches zu sagen wäre über dies oder das, scheint es ihm an der Zeit zu sein, nun wieder Bobbi Bergermann original das Seine heranerzählen zu lassen, für einen Moment nur zurückgehalten noch im Interesse der Firma McLUHANS und ihrer beherzigenswerten Botschaft (Zitat aus der Vorlage): »Wir möchten unsere Freunde höflich darum bitten, das Ergebnis einer über 100-jährigen Erfahrung nicht mit zu viel Eis und Soda zu *verfälschen.* Verbindlichen Dank! William McLuhan, Distiller, Lynchburg-Tennessee ...« Ja, mein lieber Bobbi »Bumke« u. ä., derlei Einsprengsel sind ein weiterer Preis, den man zu zahlen hat als sonst recht unbeschwerte »Underdog«-Existenz in Devils Lake/North Dakota ... –//– (PS: Ich glaube die verärgerte Frage zu hören: Weshalb die schon wieder neue Rolle oder Maske Bobbi Bergermanns als »Regenschirmträger« im Windschatten Gunnar Alltschs? Ganz einfach!, »Bumke« hatte *natürlich wieder einmal wie üblich* seinen Personalausweis zu Hause liegen gelassen!)

2

(Schreiben Bobbi »Bumke« Bergermanns aus der letzten Juli-Woche 2003, sicher in mehreren Phasen und bei verwerflichen Temperaturen verfaßt, doch relativ gleichmäßig durchgeformt; der Feinverputz an einigen Stellen vielleicht um drei bis vier Millimeter zu grob aufgetragen:) ... worauf wir sofort in das nächstgelegene EXQUISIT-Studio hinüberkomplimentiert wurden, Gunnar Alltsch und ich, in einen mit allerlei Lichteffekten zu epileptischen Schüttelbewegungen getriebenen *an sich ganz gemütlichen* Raum, welcher – wie kaum anders zu erwarten gewesen – wieder einmal eine Modenschau bot; wie üblich umstellt das *Geschehen* und mit wachsendem Argwohn belauert von zwei Dutzend schweißüberströmten Kameras und einer halben Hundertschaft übernächtigter schwitzender Regisseure, jeder für sich in Gestik und Mundwinkelstellung ein kleiner sogenannter »später Fellini«, verhärtet und zerfließend zugleich, die linke Gesichtshälfte aufmüpfig keckernd, die rechte eher entsagungsvoll stumm, ja, genau so, wie die Menschheit die beiden Brüder, besser noch: Schwestern auf dem kurzen Hals Frederico »Tomate« Fellinis seit Dezennien kennt ... »Psst!«, hörte man diese Regie-Asse ohne Unterlaß aufeinander einreden mit dem grausamkeitsweichen bzw. olivenhaft strengen Schmollmündchen des begnadeten Altmeisters drunten in Rom, »psst!, psst!, psst!, psst! Die brandneuen KNACKE-Modelle! Psst! HORROR-Look! Psst, psst!« – *Aufgezeichnet,* wie man es immer noch nennt, wurde die Modenschau schon jetzt, also im Hochsommer 2003, für das nachmitternächtliche Oberschul-Fernsehen in den Vorfrühlingstagen 2006 oder 2007 – ich hoffe innig, daß Dich mein Brief noch *vor* der Ausstrahlung dieser interessanten Sendung erreicht –, und zwar als charakteristischer Beitrag zur Vorbereitung der weiblichen Schüler, heute auf rührende Weise zehnjährig noch, auf den Ritus der JUGENDWEIHE, durch welchen sie ihrem weiteren Leben geweiht werden, ja, der Hölle des Lebens schlechthin –, ein Moment, dem die Sendung vor allem anderen Rechnung trug –, und freigegeben dem entschiedenen Zugriff einer schon aufgeregt harrenden Erwachsenenwelt, deren Vertreter sich verstohlen die Lippen lecken mögen bei der Sichtung des Nachwuchses und in Gedanken an die Bereicherung des Speisezettels in so mancher verschwiegenen Nische unserer Gesellschaft der Jahre sechs oder sieben ... Etwas davon, ein wenig Zukunft vibrierte schon jetzt in der dicken Luft dieses Studios und ließ die Talentsucher, die bewährten Betreuer und Initiatoren positiver Entwicklungen im Rahmen der POETENSEMINARE im Schweriner Schloß, die Hüter – und auch Hüterinnen – des Kandidatenumfelds des Schriftstellerverbandes in ungezügelter Vorfreude heiser hüsteln und hecheln! Manche dieser übrigens dem Verfasser namentlich bekannten) *Kulturarbeiter* o. ä. schienen sich leidenschaftlicher noch als die anderen um ein halbes Dezennium weiterzudenken, von der produktiv-bordellhaften Atmosphäre in Großgabichtsgrund unter anderem dazu animiert, das seit Jahrzehnten schon zukunftsweisende, aber nicht so ganz stubenreine ZUREITERLIED aus der Feder des Dichters Gerd Erggers zu summen, erinnerst Du Dich noch der Literaturzeitschrift TEMPERAMENTE, in der wir es vorzeiten zum erstenmal lasen?: »Das sind die jungen Pferde, Budjonny, / hörst du sie *traben?* / Über die Frühlingserde, Budjonny, / liegst doch in ihr *begraben.* // Marschall der Sowjetunion, / mit deinen *Orden. / Die jungen Pferde sind noch nicht / eingeritten worden.«* Zeilen und Reime, deutlich bezogen auf die verzeihliche, wenn auch glücklicherweise nur temporäre Ungebärdigkeit unserer jungen Menschen, nicht zuletzt auch des künstlerischen Nachwuchses in diesem Land: »Schlagen aus und treffen mal / den Zaun und mal den Reiter. / Deine jungen Pferde, sag, / warn zahmer die, gescheiter?« – Wie gesagt: TEMPERAMENTE!!! (Armer Budjonny, ist das die Strafe für Deine allzu schnurrbärtige Kritik an Isaak Babels »Reiterarmee?« »Zureiten«, müßte es richtiger heißen, lautet die Einschätzung dieses Songs durch das Volk, und so hat es sich seit längerem durchgesetzt: »Die jungen Pferde sind noch nicht / *zugeritten* worden ... – Nach solchen *werbemäßig* sicher nicht wenig betörenden Worten könnte es allerdings sein, lieber Freund, daß Dir die Spanne zwischen den Produktionswochen und dem Termin der Ausstrahlung unerträglich lang erscheint (gut erinnere ich mich, daß der sogenannte Schulfunk in Dir womöglich seinen treuesten Zuhörer hatte), ja, auf die Dauer zur Qual wird – ich kann es, mein Lieber, nicht ändern, *keiner* kann es ändern zu guter Letzt! Bis auf die Kategorie der nicht sonderlich vielen von aktuellen Ereignissen abgeleiteten Programm-Teile – auch das PROFESSORENBESTIARIUM zählt (oder zählte) dazu – wird das gesamte übrige Angebot (sieben Programme) der Television in Großgabichtsgrund, werden sämtliche Termine geradezu *diktatorisch ausgespuckt* vom hiesigen Zentralen Programm-Computer

MARION II, welcher Unbotmäßigkeiten auch in Ausnahmefällen nicht duldet – eine Fernseh-Kritik gibt es hierzulande deshalb schon lange nicht mehr! –, einen manchmal in wirklich überraschenden Sprüngen weit vorausplanenden Apparat, dessen Name übrigens eine Huldigung an unsere verehrte Frau Staatsratsvorsitzende darstellt, die ja bekanntlich mit ihrem Vornamen Marion heißt ... –//– Um endlich das Eigentliche ins Auge zu fassen: Aufgezeichnet nicht für die Jetztzeit, sondern für die Kunft (statt »Zukunft«, Du sammelst doch solche Feinheiten, hört man jetzt immer häufiger »Kunft« oder »'kunft«, worin sich vielleicht ein gewisses Maß an Wertschätzung ausdrückt), entfaltete sich die zügige Darbietung neuer Modelle des führenden Berliner Modeschöpfers Wilhelm Sorgenfrey Knacke aus den Tiefen einer Dekoration heraus, die einen immer heimeliger und vertrauter anmuten wollte, bis man, sich selber an den Kopf klopfend, zu begreifen begann: Es handelte sich um die sozusagen *naturgetreu* nachgebaute Bibliotheksräumlichkeit des Clubs der Kulturschaffenden MARQUIS DE SADE in der Kronen-Straße – jeden Donnerstag Dichterlesung aus neo-satanesken Versuchen! –; sogar die verderbten Gummibäume, drei an der Zahl, waren berücksichtigt worden, nicht vergessen auch der dicke teerhafte Staub auf den zuchtlose breit hinausgeflederten Zungen der Blätter! Selbst merkbar trägeren Mannequins als denen, die bei Horror-Knacke Verwendung fanden, wäre im Rahmen solcher Bühnenbildleistung oder wie man das beim Fernsehen nennt, ein Erfolg gewissermaßen in den Schoß gefallen, und eigentlich erübrigt sich die Feststellung, daß die düster drohenden Creationen aus den Ateliers oder Werkstätten Wilhelm Sorgenfrey Knackes – er selber spricht lieber diabolisch von einem »Laboratorium« –, daß diese zu begehrten Kleidungsstücken gewordenen Wahnideen des Visionärs und Extremisten der Berliner Couture gleichsam fabelhaft *ankamen, einschlugen, fetzten* ... Ein höllischer Budenzauber war es, mein Lieber, der von einem Moment zum anderen auf uns zugeflirrt kam, Strickledern-Schweinsäugleinhaftes, kombiniert mit Triefnasig-Pluderhosigem, Tantenartig-Veronkeltes in der bekannten CIA-agentigen Machart, Wachsblumenduftend-Fleischereizubehörliches, mit einem Wort: Nebbich; mit sechs oder sieben: ein faszinierender Kunstwirbelwind des Mode-Ekelhaften bis hin zum sogenannten *Folklore-Mix*! Man fühlte sich wie *partienweise durch den Fleischwolf gedreht,* den *extra gemeinen* Fleischwolf unserer Kinderjahre (wie man ihn jetzt unter Aufsicht des Fachpersonals in jedem besseren historischen Museum probeweise ankurbeln darf) – kaum ausreichend vorgebildet zudem und gewappnet, um den vermutlich dem Surrealismus verpflichteten Erläuterungen des Moderators der Schau, eines bewundernswert wortschöpferischen Kolumnisten der Nobel-Zeitschrift SIBYLLE (SiBylle) bis ins Letzte folgen zu können: Wenn er z. B. cognak- und doppelkornfarbene Zickzackröcke – erinnerst Du Dich noch an die Rökk? – mit Kugelblitz-Oberteilen in *Tauben-* beziehungsweise *Pfauenblau,* in *Bischofsrot* oder *Knallrosa,* wahnsinnig eklig!, und mit *rock'n-roll-braun verstürzten* Seidentüchern supergourmandhaft anpries, ins mampfende Auge des Kameradoppeldutzends hinein oder wenn er bei anderer Gelegenheit ein imaginäres Schüler-Publikum unten in Hinter-Sachsen die Aufmerksamkeit richten hieß auf einen *ab Hüfte geriehenen Sattelrock,* welcher mit gefährlich dünnen *Spaghetti-Trägern* inclusive feuergefährlichen *Streichholzverknüpfungen* an den Körpervorsprüngen der wagehalsigen Trägerin zu befestigen war, in *kühlen Pastelltönen* abgefaßt zum Teil diese Komposition – kieselgrau, herbsthagelkorngrün, staatssicherheitslila, *Kitt* und *Biskuit* –, vorwiegend indessen in den unverbildeten Schockfarben Rot, Marine und Schwarz, diese jedoch auf eine so thrillerhafte Art miteinander verzahnt, daß einem unausweichlich die knatternden und knallenden, schließlich verzischenden Farbenexaltationen nächtlicher Feuersbrünste in den Sinn kommen mußten – KAISER-NERO-LOOK? Für jedermaßen auffallend war (wie uns überflüssigermaßen zugebrummt wurde: nämlich, daß es für jedermann auffallend wäre) die ungemeine *Bedeutung der Gürtelschnallen* in dieser Saison (die Ausstrahlung dieser Saison in drei Jahren? mein Gott!), klotzig-makabre Kunstgewerbekartoffeln, überaus scheußlich demolierten Totenköpfen nachgebildet zum Teil, die Ohren des Schädels gestaltet im *Silber-*

schmuck-Stil der Navajo- oder Hopi-Indianer als kraftvolle Ringe, in welche man Daumen oder Zeigefinger einrastern läßt, gegebenenfalls auch Krallen, und an denen man nicht zuletzt das eine oder andere festbinden kann; es war wohl vor allem an symbolträchtige, bedeutungsschwangere, ernstlich gravide Gegenstände gedacht: Schlüsselbund, Geldkatze, Trillerpfeife, Blockflöte, Handschellenkollektion, *persönlicher Kompaß,* Reisegepäck. Der Moderator las seinen Kommentar mit listenreichen Augenverdrehungen vom Blatt ab, vornehmlich vom falschen, wie es schien, und erklärte in seiner jeglichen Widerspruch niederknüppelnden suggestiv-sibyllinischen Art: *»So angetan, kann man schnell ins Auto oder auf den Bus hüpfen und in der U-Bahn untertauchen, ohne Aufsehen zu erregen.«* Das galt für die nächste Darbietung gewiß nur bedingt: – Ein unversehens herbeigezauberter Gong in der Hand des kaum als modest zu bezeichnenden Moderators kündigte, bald schon von einem aus der Geräuschemaschine spritzenden tausendstimmigen Orgasmus-Ah unterstützt, den *absoluten Höhepunkt* der Modenschau an, ein weithin schaudern machendes Kostüm, welches Wilhelm S. Knacke hatte taufen lassen auf den Namen SCHWARZE MESSE DER MEISTER VON MORGEN; der handelsübliche Horror-Look, besser, eine seiner an sich schon tolldreisten knackeschen Modifizierungen oder Spielarten, akzentuiert durch eine rotierende Kopfbedeckung, ganz anderer Stilrichtung zuzurechnen, ein wirklich extrem agiles Hütchen – oder wie man solch ein Schrapnell immer nennen will – im reinsten SKAPHANDER-LOOK und in Form eines Panoramageräts; insgesamt: eine modeschöpferische Leistung höchstwahrscheinlich interstellaren Ranges ... *Dein Bobbi weiß, wovon er schreibt,* mein lieber Eddi »Pferdefuß«, diese von mir sonst so gern verwendete Floskel, wie sie für den steten »Urania«-Leser kennzeichnend ist, würde ich indessen in diesem Fall nicht gar so selbstgewiß in den Raum stellen wollen – um so weniger, als ich jählings und *wie vor den Kopf geschlagen* zwischen all den Klunkern und Zahnrädern fortgeschrittenster Grandezza das durchaus lebendige und lokalisierbare Mannequin *erkannte,* welches das pausenlos kreisende Panorama-Gerät auf dem Kopf trug, ja, es erst so richtig zur Geltung brachte durch den gnadenlosen Einsatz seines von siegreichem Aberglauben und Kietz-Ideologemen geprägten Gesichts: NIVEA PERSIL!, yes, bester Endler, unsere einstmals gemeinsame, doch leider wahrscheinlich besonders *meine* Lieblingsfreundin Nivea!, das Miststück!, die Poppertrine!, der ich doch vor kurzem erst ein »Hallo« hinterhergejuchzt hatte, ja, ihr, der immer zwölfjährig wirkenden, die zur gleichen Zeit wie ich – *sie* als zuckriges Zubehör der Schickeria-Hierarchie – in die Welt des Fernsehens eingeschwenkt war, ohne kontrolliert zu werden, und die mir im Vorbeizischen die ermunternden Worte zugewinkt hatte: »Mensch, *hier* is wat los!« (So rasch macht man also in diesem schillernden Riesenkuhfladen steilste Karriere!, mußte ich zwangsläufig bei mir denken, wozu denn eigentlich noch unsere ungleich wertvollere Intellektualitäts-Visage hissen, nicht wahr? Wenn man nur dumm genug ist, sofort die richtige Taste zu finden!, und mit dem gemäßen Animus, nämlich vollkommen einschichtig und gewissenlos draufhaut!) Bei aller berechtigten Mißgunst mußte es die Gerechtigkeit ihr allerdings lassen: Nivea war, wie das Modell, das sie vorführte, *einsame Spitze des Eisbergs,* als den man diese Modenschau letzten Endes fröstelnd begriff ... So empfand es nicht nur Dein alter Freund Bobbi; so empfanden es die abgebrühten Regisseure ebenso wie die kaputten Kameramänner, die klebrigen Gummibäume nicht weniger als die porösen antiken Sitzmöbel rings, die schwirrenden imitierten Kristallüster am Plafond genauso wie der echt geniale Kunstgewerbler am dreimal so heftig feuernden Lichtpult (LICHTHÄCKSLER?), welcher – ein Glückspilz fürwahr! – wie kein zweiter in diesem Spannungsfeld eisiger Temperaturausbrüche in die Lage versetzt war, seinen *inneren Vorgängen* sichtbaren Ausdruck zu geben ... Nebenher: Die anläßlich dieses Programmpunktes hoch- und niederzuckenden Lichtausgießungen stammten gleich den beim Auftritt Niveas erschallenden elektronischen »Ahs« oder »Ohs«, »Ihs« und »Igittigitts« aus der viel bewunderten jugendgemäßen Krawall-Giftküche INTEREFFEKT beim Zentralrat der FDJ, nach der Verurteilung der sogenannten »Muschebubu«-Beleuchtung durch unsere verehrte Frau Staatsratsvorsitzende *prinzipiell umorientiert*, was noch immer nicht allgemein bekannt ist, auf die schrillen Schreie blutroter Sonnenuntergangsfarben und, das wird Dir als Skandinavien-Fan gefallen, auf die Zwischentonlagen eines unterkühlten, seltener lauwarmen flattrigen Nordlichts; das alles vermutlich auch nach Niveas Geschmack. – (Zur Problematik der »Muschebubu«-Beleuchtung in Discos etc. siehe auch: »Wir gehen in die Disco«, Verlag Neues Leben, 2. Auflage 1981; E. »P.« E.)* – Jedenfalls war die Leistung des Licht-

* *Anmerkung des Herausgebers.* // Ein wenig bekanntes Detail im Zusammenhang mit der partiell ziemlich undurchsichtigen, fast schummerlichtigen »Muschebubu«-Affäre: Um auch die Schöne Literatur im Zuge der Kampagne in Mitleidenschaft ziehen zu können bzw. nicht gänzlich ungescholten davonkommen zu lassen, wurden einerseits nicht wenige »Muschebubu«-Elemente im lyrischen Schaffen des Landes nachgewiesen und analysiert, ließ man es sich andererseits so manchen Tropfen Forscherschweißes kosten, um das seit Ewigkeiten in Vergessenheit geratene Stück einer thüringer Schriftstellerin namens Hornbogen wieder auszugraben, ein »satirisches Märchenspiel« für Erwachsene mit dem ungeheuerlichen, *sehr* direkten Titel »Muschebubu« (Musik: Henry Krtschil); augenblicklich von einer rasch zusammengestellten Literaturkritischen Kleinen Kampfgruppe (LKK) vernichtender Kritik unterzogen (übrigens: ohne Schalldämpfer arbeitend damals die Jungens) und im gleichen Atemzug der verdienten Vergessenheit wieder anheimgegeben – eine Sache von Stunden! –, blieb der Titel des Stücks indessen noch für längere Zeit ein Reizwort für einen Teil der DDR-Bevölkerung, für das Trüppchen der professionellen Leserbriefschreiber nämlich, Morgenluft witternd und Honorar ... Der Herausgeber darf sich rühmen, Besitzer (!) einer alten Nummer der kulturpolitischen Wochenzeitschrift SONNTAG zu sein, in welcher auf der zweiten Seite bereits der Leser Alfred Pardauzke aus Gräfenhainichen (Sachsen) das »sogenannte Märchenspiel ›Muschebubu‹« mit gepfefferten Worten zurückweist und es entlarvt als (wortwörtlich) »*Auspuff* gegnerischer Gesinnungslosigkeit«, um zum Schluß die vorwurfsvoll mahnenden Worte auszurufen: »Unsere Kinder sind was Besseres gewöhnt!« –//– In der gleichen Nummer des SONNTAG findet sich übrigens eine recht lustige BERICHTIGUNG, welche ich dem Leser nicht vorenthalten will, zumal sie den Wert dieses alten SONNTAG-Exemplars für interessierte Sammler noch beträchtlich erhöht; ich zitiere: »In dem Artikel ›Klein, aber rein‹ von Professor Schnippenkötzler in der letzten Ausgabe wird aufgrund eines Übermittlungsfehlers fälschlich vom ›Zwerg-Staat DDR‹ gesprochen; richtig ist: ›Zwergen-Staat DDR‹!« (E. P. E.).

effektlers so *umwerfend toll*, daß man sich voller Mißtrauen fragen mußte, ob nicht vielleicht auch er dem engeren Zirkel des Bekanntenkreises Nivea Persils zugerechnet zu werden verdiente; alarmierend vor allem, wie die unirdisch-zauberische Huldigung mittels Nordlichtgewedel zu einer kaum noch verschlüsselten Demonstration sexueller Hörigkeit wurde, wie sich die aufgeregten Strähnen und Fetzen des Lichtniagara zu Füßen Niveas vereinigen wollten, es dann auch taten, freudevoll-bängliches Zusammengekuschel zum wolligen Knäuel eines wuschligen Schoßhunds, wie sie schließlich arg würdelos Niveas Fuß und *alternatives Schuhwerk* zu umhecheln, ja, es anzujaulen begannen, als erhofften sie sich einen Tritt mit dem freilich *anti-alternativen* Pfennig-Absatz! Man brauchte nicht den Namen Bobbi Bergermanns zu tragen, um die Empfindungen des maßlosen Elektrikers teilen zu können und angesichts ihrer Umsetzung in das Kunstwerk *furchtbar wütend* zu werden: »Das ist ja bereits leicht pervers!« ... –//– Sogar Gunnar Alltsch, wie erinnerlich: ständig an meiner Seite wie ich an seiner, sogar der Nobelpreisträger blieb trotz seiner Willens- und Widerstandskraft, im Zuge der Fertigung seiner Oktologie DER FRIEDE IM NAHEN OSTEN erworben, nicht gänzlich unbeeindruckt von dem Anblick Niveas; tief aus dem Brustkorb des als wenig galant und im Tiefsten unverführbar geltenden Mann-Manns brach ein lange währendes, fast nicht mehr menschliches Stöhnen hervor, sodann ein deprimierend unfeines Schnauf- oder Schmatzgeräusch, das nach Kernseife roch: »Nein, wir brauchen die westlichen Schnittmuster nicht mehr zu fürchten: das ist für immer vorbei ...« – So Gunnar Alltsch, obschon diese Furcht dank Wilhelm Sorgenfrey Knacke nicht erst seit heute verflogen; so Gunnar Alltsch –: War ein glänzenderes Zeugnis denkbar für Niveas Raffinesse und eitrige Ausstrahlungsintensität, eine wirksamere Rechtfertigung auch für die kaum noch zählbaren Schwächeanfälle des Endunterzeichneten in Anbetracht dieses Edelpunk-Pummelchens aus dem Zipfelchen Mila-Straße im toten Winkel zwischen dem Wedding und Prenzlauer Berg? »METALLIC WOOD!« hüstelte mir eine Stimme ins Ohr, und ich nickte und seufzte

... Heavens!, wie vollkommen unwiderstehlich sie wieder – pars pro toto – und nicht im geringsten eingeschüchtert durch den Triumphzug der Anglizismen in neuerer Zeit den in mehrfacher Hinsicht *letzten Schrei* aus den Ateliers (Laboratorien! Laboratorien!) des gerade erst frisch gebohnerten Billy the magic Knacke (Knäkke) ins sogenannte Rampenlicht zu rücken verstand; man ging *automatisch* in die anbetungslüsternen Knie. Ja, wahrlich, wahrlich, HORROR-LOOK, mit viel Kaltschale und blitzend Metallischem des Skaphander-Looks angereichert, der *mehr* als lebensgefährliche Look der zahlreichen messerscharfen Schleifchen und Bügelfalten und einer wie beiläufig in der Richtung des Venusbergs verrutschenden zähnefletschenden auswüchsig eingeigelten Gürtelschnalle aus weinessigfarbenem Aquamarin-Polyglott – toll, toll!, wie allerdings alles, das Nivea an- oder auszieht für den oder jenen *Obermotz* (Oh Tränenunermüdlichkeit des stetig tröpfelnden Halskettenwunders aus Kunsteis!, erinnerst Du Dich?) ... Plötzlich, ganz wie auf den lehrerhaft-strengen Wink Opa Poensgens hin, dieses Zuhälter-Asses, war sie wie immer auf irritable und tief verletzende Weise verschwunden; man rieb verlegen lächelnd sein Brillenglas sauber: Nichts war geblieben als der Hunger nach Liebe und die Scham, mit offenen Augen geträumt zu haben – und auf verkotetem und mit Streuselkuchenstreuseln übersätem Fußboden eine verlorene Kinderknöchelchen-Armbanduhr! Und Leidensmienen ringsher ... Die Mienen der fellinihaften Regisseure bezeugten dagegen wachsende Gleichgültigkeit gegenüber dem Rest des Programms; mit dem Top-Hit Nivea schien die *Schau für sie im wesentlichen gelaufen zu sein* – sie lief jetzt gewissermaßen von selber, nicht anders als vorher –; gemeinsam mit einigen ziellos umherwandernden Regierungsbeauftragten für die Pflege des Schulfernsehens und des sonstigen Bildungsprogramms bildeten sie eine Vielzahl kleiner müßiger Gruppen flaneurhaften Anstrichs, in denen man nichts Besseres wußte – möglicherweise diente gerade das besonders wirksam der künstlerischen Entspannung –, als sich immer wieder die gleichen blöden und öden Computer-Witze vornehmlich über MARION II zuzukichern, die natürlich wegen der

Vornamensgleichheit mit unserer verehrten Frau Staatsratsvorsitzenden oft nicht unheikel waren, gelinde gesagt! Du wirst es verstehen, lieber Eddy, daß ich auf konkrete Beispiele für die Doppelgleisigkeit der »Marion«-Witze, wie sie heißen, leider verzichten muß; meine Briefe sind sowieso schon immer viel länger, als es die Polizei erlaubt, wie man scherzhaft zu sagen pflegt . . . War man – der eine früher, der andere später – der Witzeleien müde geworden, begannen die immer wiederkehrenden trostlosen Spekulationen über eventuelle berufliche Zukunftsaussichten, auch diese Gespräche so überflüssig wie poesielos: »Was MARION uns wohl als Nächstes anbieten wird? Ich möchte zu gerne einmal wieder eine PARADE DES MARSCHLIEDES haben, und ihr?« – »Mir is' scho' glei' alles schnurz . . .« – »Federico, so darfst Du nicht reden, lange noch nicht!« –//– Zur gleichen Zeit wurden weitere und andersfarbige Eindrücke auf uns Gäste des Fernsehens losmägruliert, wie der Fachausdruck seit der vorigen Woche offiziell lautet, und wir waren dankbar dafür; denn obwohl von einer spürbaren Regie-Arbeit hinter den verschiedenen Mägrulationselementen ernstlich die Rede nicht sein konnte, waren sie durchaus das Geeignete zur Abmilderung der Entzugserscheinungen nach dem trickhaften Abgang Nivea Persils. – Zu *vorgeschrittener Stunde* kam sogar noch ein überaus fesselndes weinbrandverschnittenes Kleid herniedergeflügelt, mit ihm ein fahles Mannequin nikotinbraunen Schmunzelns, ein unten zu Übergrößen, oben zu Untergrößen neigendes Wesen, das sich dem schnurrbärtig schielenden DRACULA-LOOK mit den *Fledermausflügeln des Oberteils* und einem *angekrausten* Rock mit fleischernen *Flügeltaschen* hinlänglich eingepaßt hatte; doch schon nach kurzem, ein wenig hektischem und wildentenhaftem Hinterngezuck – es war ja schon spät – setzte es rasch zum Höhenflug an, vortänzerisches Exempel für den ihm folgenden sekundären Kolleginnenpulk, sicher auch dank des Schwungs der Klänge von Johann Strauß Vater und Tichon Chrennikow einen Zugvogelkeil zu bilden ohne Zögern bereit. Relativ flott beziehungsweise flink für die Jahreszeit löste das Grüppchen sich wie auf Befehl und Gurrlaut des Leit-Mannequins vom Parkettboden ab, flatterte hoch und war im Nu den suchenden Blicken in südwestlicher Richtung entschwunden – plätschernde Wogen des Beifalls nach solchem melancholisch stimmenden Ballett-Intermedium, verrauschende Platzregenlaute; neben mir Gunnar Alltschs befriedigter Ausruf *»Endlich Estrade!«* ––– (Anmerkung des Adressaten E. »P.« E.: Der Schluß des Schreibens ist leider unleserlich geworden seit jener Zeit: Frosteinwirkungen? Folgen der immer noch steigenden Hitze? – Ich tippe auf beides mit ungefähr dem gleichen Nachdruck.)

3

... und wieder eine MODENSCHAU, liebster Endler, die vierte, nein, fünfte bereits, in die wir hineingeraten waren, Alltsch und ich, um uns dieses Mal wiederzufinden im sogenannten *Herrgottswinkel* einer sogenannten Bergbauernstube, zu Häupten ein Kunststoff-Kruzifix in sattem Salz-Violett, vor unseren bäuerisch und gebirglerisch, unseren platzgreifend ausgestreckten grobianischen Beinen die ländliche Kinderwiege aus Preßpappe, wirklich sehr schmuck!: Ein sogenannter »Längsschwinger« übrigens im Unterschied zum vertrauten »Querschwinger«, dessen Flächen ausreichend vollgemalt waren mit den traditionellen Motiven (Blumensträuße, Vogelpärchen, Heilige, Hirsche), unbeholfenste Bauernmalerei aus der unteren Raumer-Straße im Stadtbezirk Prenzlauer Berg und entsprechend ihrem besonderen und besonders reizvollen landschaftlichen Nährboden in der Nähe der U-Bahn relativ selten in fettem Rot oder dampfendem Blau ausgeführt, stattdessen mit Vorliebe und mit einer gewissen knorzigen Halsstarrigkeit in den nun auch wieder längst historisch gewordenen und vom Laien nicht mehr mit der letzten Genauigkeit zu definierenden *NEW-WAVE-Tönen Tattoo-Beige und Young Lust* – wenigstens wurden die zwei uns so vorgestellt –, Farben, von denen das Schöpferkollektiv sich deutlich spürbar die Erzeugung nostalgischer Stimmungsbodensätze erhoffte, wie sie sich dann auch tatsächlich bildeten; und *das* trotz des etwas ernüchternden Inhalts der

Wiege, einem angebrochenen Päckchen KARO-Zigaretten *samt Holz* ... Überflüssig für den Gebildeten, sich noch lange zu fragen, welchem speziellen Thema sich dieses vergleichsweise kleine und deshalb ungleich heißere Studio gestellt haben mochte – »FESTLICHES FÜR DIE WEIBLICHE LANDBEVÖLKERUNG«, wurde uns vom Kruzifix herab zugezischelt, als hätte es solcher Erklärung bedurft. Doch auch an diesem Ort, verstaubte Spinnräder rings, wurden ausschließlich Mode-Erzeugnisse vorgeführt, die der Vorstellungswelt des namhaftesten Haute-Couture-Designers unseres Landes Wilhelm S. Knacke entsprachen, wenn nicht sogar *abgezeichnet* worden waren von ihm, dem von zahlreichen Damen für unsterblich gehaltenen Modediktator par excellence. Allerdings hatte er die detailliertere Ausführung, auch die *letztendliche Verantwortlichkeit* für seine alljährlichen COUNTRY-Kollektionen einer seiner vielen Unterabteilungen überlassen, dem stacheldrahtumwobenen, zusätzlich mit einer Gummi-Baum-Plantage gegenüber der Öffentlichkeit und der chinesischen Industrie-Spionage abgeschirmten Top-Secret-Laboratorium DEFTIG-REALISTISCHES, dem Schauplatz nebenher so manchen hoch delikaten Blutbads (wie dank der Neider Knackes hin und wieder ans Licht kommt): Die Truppe von Desperados, welche hier arbeitete oder zu arbeiten vorgab, war von ihrem Boß Mister Knacke nicht einfach nur angehalten, sondern geradezu genötigt worden, das Rustikale und immer wieder nur das Rustikale auf ihr Panier zu schreiben: Landluft, Hausmachersülze, rote Pausbäckchen, Spiegelei mit Spinat, Nichtraucherhusten, pludrige Russenkittel, Einsilbigkeit, unbehobelte Kraft –! Die selbstverständlichen Folgen: Nikotinmißbrauch, Alkoholismus und Morphiumsucht, nicht zuletzt die latente Bereitschaft zum Notzuchtverbrechen gehören zum Alltag dieser Abteilung, die ihrer Alibi-Funktion wohl immer bewußt geblieben ist, ihrer Rolle als eines knackeschen Schachzugs ... – Hätte es nicht vielleicht sogar auf unsereinen am Ende demoralisierend gewirkt, immer nur dann vom Meister hervorgekramt und vorgewiesen zu werden, wenn ihn wieder einmal der Vorwurf getroffen hatte, er würde mit manchen seiner kühneren Creationen allzu offensichtlich gegen die Statuten seines Berufsverbandes verstoßen, ja, habe mit *dieser* mephistophelischen Rüsche, mit *jenem* rattenschwanzähnlichen Schleifchen die für alle Mitglieder des Verbandes verbindlichen – »*Für alle,* Genosse Knacke, Sie haben doch Ohren, nicht wahr?« – und doch *wirklich* von den Verantwortlichen überaus weit gezogenen Grenzen des SOZIALISTISCHEN REALISMUS allzu spektakulär überschritten! Sogenannten lieben Besuchern aus den Ministerien und mit derlei Vorwürfen in der Hinterhand, von Wilhelm Sorgenfrey Knackes ingeniösem Instinkt *auf hundert Meilen* erkannt, wurden nicht nur das Studio DEFTIG-REALISTISCHES und dessen Leistungen in Erinnerung gebracht, sondern wurde außerdem regelmäßig ein Sessel direkt gegenüber dem riesigen Wandspruch über Knackes zuckender linker Augenbraue geistreich unter den törichten Bürokratenhintern geschubst, so daß diese Leute der in den höllischsten und fegefeuerhaftesten Diskofarben wiedergegebenen bekenntnishaften Bemerkung des Dichters Gerald Begehrlich beim besten Willen nicht ausweichen konnten – schien nicht Blut aus den vielfach gezackten Versalien herunterzurinnen? –, einem Statement, vorgebracht auf einem der früheren Parteitage unseres Landes, einer holzschnittartig einfachen Äußerung, die wie fast alle holzschnittartig einfachen Äußerungen den ästhetischen Einsichten sämtlicher Himmels- und Geschmacksrichtungen Hohn sprach (und spricht) und die gerade deshalb ohne größere Bedenken auch auf die Tätigkeit des Modeschöpfers bezogen werden konnte, ohne größeren Schaden zu stiften: »Die geistige Haltung eines Schriftstellers« – so Gerald Begehrlich auf jenem verschollenen Parteitag, so Gerald Begehrlich zweieinhalb Meter über dem Kopf und der Rokoko-Perücke Wilhelm Sorgenfrey Knakkes – »die geistige Haltung eines Schriftstellers läßt sich *nicht verbergen ... Zweideutigkeit ist nicht möglich,* eindeutige Parteinahme ist für Werk *und* politische Haltung eines Schriftstellers *entscheidend.*« (Im zotenreichen Privatkreis, das weiß in Großgabichtsgrund nach meiner Erfahrung eigentlich jedes Kind, mein lieber »Pferdefuß« Endler, hat Knacke die bekanntlich vor allem von Künstlern in der Heinrich-Heine-Nachfolge viel belächelte Behauptung der *Unmöglichkeit* des Zweideutigen in der Kunst wie die Mehrzahl der Lächelnden schmunzelnd als *ewiges Steckenpferd* dieses Begehrlich bezeichnet und hinzugefügt: »*Nur* Zweideutigkeit ist möglich!«) – Bei der drei- bis viermal im Jahr verkündeten Orientierung der Prestige-Abteilung DEFTIG-REALISTISCHES auf die Linie (die »Linie«) des großen Maiski, des sowjetischen Mode-Asses Slawa Maiski also – auch so'n schillernder Vogel! –, hatte Knacke wahrscheinlich ähnlich Irritables im Sinn wie mit dem lähmenden Wandspruch in seinem Büro, wenn auch die praktischen Ergebnisse des floskelhaften *»Deutsch-sowjetische Freundschaft bis hinein in die Accessoires«*, das Knacke gleich einer pudligen Duftmarke in geregelten Abständen in die Presse zu lancieren versteht, in der Regel leise zum Zwitterhaften tendieren – versehentlich und ungewollt!, wie man den Kollegen zugute halten muß. Einige der wertvolleren modischen Funde auf diesem sicher recht steinigen Weg wurden auch heute und hier wieder vorgezeigt, meistens als mitleidig-sanftes Geschenk für die *vollschlanke Dame*, zum Beispiel das bayrische Dirndlkleid, in dem irgend etwas vom maiskischen Russenhemd atmete, JESSENIN-LOOK, wie Freunde Maiskis es nannten, oder die kleidsame Russenhemdbluse, welche nur ansatzweise sich von der Idee des bayrischen Dirndl zu lösen vermochte ... (Die bei der Bevölkerung beliebte Traditions-Chansonette Gisela Steineckert trug sie uns vor, diese träge-quirligen Fähnchen, und vermochte noch einiges zu retten für den Moment.) Aber trotz solcher eindeutig zweideutig wirkenden Notnägel des Modegeschehens hatte Wilhelm Sorgenfrey Knacke – er hätte sonst nicht Wilhelm Sorgenfrey Knacke geheißen – keine Sekunde gezögert, die Veranstaltung mit einem sogenannten *literarisch-musikalischen Programm* bereichern zu lassen; denn das, erfuhr man, war *sein* Beitrag zu dieser Sendung gewesen neben einigen kleinen Zutaten ähnlicher Art: dieses als »Ziehharmonika-Recital« bezeichnete quasi kulturelle Leipziger Allerlei, welches dem straffsten Frohsinn verpflichtet war gleich seinem herausfordernd unzweideutigen Titel: »ICH WEISS, WAS MIT UNS WIRD, MARIE, / DIE LINIE IST SO KLAR WIE NIE ...« (Die nach Meinung der Experten »anspruchsvolle« Revue war allein wegen dieses *verschärften* Titels auf Knackes Wunsch und Diktat hin von der vorjährigen Leipziger Buchmesse übernommen worden, dort als *Anerkennung*, Du liest richtig, mein lieber Endler, als *Anerkennung für die Leistungen Leipziger Literaturpropagandisten* vor diesen durchexerziert.) –//– Gut, das war die Theorie und der mit ihr verknüpfte *gute Wille*, wie er zumeistens von der Mehrheit geschätzt wird; daß es in der prallen Praxis dann ganz, ganz anders zugehen *mußte*, falls man auch nur den schüttersten Applaus zu erzielen gedachte, das ließ sich ungemein wohlfeil aus den mürrischen Konfessionen meines Nachbarn und Dienstherrn Gunnar Alltsch schlußfolgern – bekanntlich in anderen Zusammenhängen und auf anderen Festen ein entschiedener Sympathisant »klarer Linien« und kahlster »Eindeutigkeit« –, welcher halb rustikal, halb jet-setterhaft bemerkte: »Mein lieber Arschgevatter, dieser *Rural Outfit* will mir allmählich bis zur Halskrause stehen, das ist das einzige, was im Augenblick klar ist, Kanaille, *arschklar* ...« Auf jeden Fall verlor sich im Verlauf der immer entzückenderen modischen Zurschaustellung deren theoretisch-ästhetische Grundlage fast ganz; sie wurde dünner und dünner und dünner – hatte Knacke sein Kettenglied DEFTIG-REALISTISCHES wirklich noch immer so fest im Griff, wie er es hinauszuposaunen verstand? –, sie rückte ferner und ferner, nicht mehr zur Umkehr zu bewegen auch durch den eher bewahrenden Charakter des angeblich saisonal bedingten Trends zum grün marmorierten oder beige melierten *Großrundgestrickt*, beinahe ebenso gerne und häufig angewendet wie *Sonnenplissee*, wie es – oder: wie er? – dem Rock die erwünschte *schwingende Weite verleiht* ... (Ich folge, mir bleibt nichts anderes übrig, lieber »Pferdefuß«, den über die Maßen lebensfrohen Erklärungen des ungewöhnlich kaputten Conferenciers.) Der primären Zielsetzung kam man wahrscheinlich mit einem lustigen Vorschlag für die elf- bis zwölfjährige *Nobelweiblichkeit* des Dorfes am nächsten: superkurze Röckchen, von eingearbeiteten traditionellen Hula-Hoop-Reifen wie Kreisel zum Tanzen gebracht – *schneidertechnisch eine absolute Neuheit*!, tönte Geraunz –; dazu wurden weißtrote, nur ganz vorsichtig durchgeschwitzte, seltsam in sich gekehrte Ringelsöckchen gereicht, versponnen und vulgär in gleicher Weise, die so manchen Lüstling mit noch ungebrochener Sinnesempfindung sichtlich den Zahn triefen ließen, manchen Lastergreis hin- und herrutschen übers Parkett – irgendeiner Vergeblichkeit entgegen und schließlich ins Nichts ... (Drei Pünktchen!) Freilich schien sowohl Alltsch als auch mir die Meinung des ebenfalls aufgekreuzten stachligen Häufleins der Medienforscher – Alibi für was nur der graue Verein? –, dieser notorischen Spökenkieker und Kritiker der Massenkultur, zu spekulativ, oder, wie die Bevölkerung sagt, zu sehr dem *ideologischen Spekulatius* verpflichtet zu sein; diese ausschließlich männlichen Forscher (!) behaupteten nämlich, die aus der weiter oben signalisierten Vergeblichkeit des Liebeshungers in bezug auf *angegangene Socken* resultierenden Zuschauertränen wären vermutlich von Wilhelm Sorgenfrey Knacke ebenso eingeplant gewesen wie ein paar Sequenzen weiter das gleichsam in Schmunzeltränen oder Tränengeschmunzel zerfließende Publikum nach dem Einschub eines Interviews mit drei rührenden *Omis* aus dem Altersheim GRAUE PANTHER PRENZLAUER BERG! Und nicht anders die Tränenflut abgrundtiefer Zerknirschung nach dem Vortrag eines Gedichts aus der Feder der als »Mutter der DDR-Poesie« bezeichneten Lyrikerin Eva Strittmatter (nein, ein Staatstitel ist das noch nicht, wie gewisse Zyniker meinen, lieber Freund!); kritische, ja vernichtend scharfe Zeilen über die grauenhafte Modehörigkeit, das widerwärtige »Mit-der-Mode-Gehen« mancher Kolleginnen und Kollegen – *das* hier! –, ein demzufolge außengelenktes (»ferngelenktes«) entindividualisiertes Leben – »Laßt das nur nicht MARION hören!«, witzelte einer in die wachsende Flut der Schluchzlaute und arg bitteren Tränen hinein – Verse mit einer »Botschaft« seit langem 'mal wieder, und zwar einer tief verletzenden Botschaft der Freiheit, verbunden mit einer versklavenden Intensität des poetischen Ausdrucks: bis auf das Verb »verwandeln« sind die Hervorhebungen samt und sonders von mir: »Ich kenne viele, die ihre Zeit / *In äußere Schönheit umsetzen.* / Sie sind zu jeder Entbehrung bereit, / Um die

Mode *nicht zu verletzen.* / Und jedes Jahr und jedes Jahr / Wollen sie sich *verwandeln.* / Perücke oder eignes Haar? / *Man schreibt ihnen vor, wie sie handeln.* / Und ehe sie nicht die Absätze tragen, / Die man in diesem Jahr tragen muß, / Können sie von sich nichts Sichres sagen. / Sie leben *ferngelenkt. Auf Beschluß.* / So lesen sie auch, und so denken sie, / *So schränken sie ihre Freiheit ein,* / Sie lassen sich sagen, was und wie, / Und wagen nicht, sie selber zu sein.« – Ungeheure Betroffenheit bei allen Betroffenen, also der Mehrzahl der Typen in diesem Studio, in diesem höllisch heißen und immer heißeren Raum, Menschen, ob weiblich, ob männlich, welche ja den von Eva Strittmatter attackierten Verhältnissen nicht nur verfallen waren, sondern ihnen auch dienten (übrigens habe ich das Gedicht vor Jahren schon einmal in der Nobelmodenzeitschrift SIBYLLE gelesen, wenn ich nicht irre: 3/80) – Menschen, die sich *schlagartig* ihres verfehlten Lebens bewußt geworden sein mochten, und die nun weinten und weinten und weinten; es waren zweifellos die unproduktiven Tränen eines hoffnungslosen »Zu spät!«, die Tränen eines nimmermehr rückgängig zu machenden »Endgültig!« – Das alles sollte Wilhelm Sorgenfrey Knacke eiskalt vorausberechnet haben? Unterstützt von seinem Werbe-Psychologen und, wie die Medienkritiker meinten, seiner Lieblingsarbeitsgruppe »Feminin-Romantisches« (was den Begriff des »Feminin-Romantischen« betrifft, siehe gleichfalls SIBYLLE 3/80, Seite 3!), nicht zuletzt einer kleinen Ideologischen Provokationskommission? Gewiß, daß Knacke noch nie ein Freund des sogenannten Spiels des Zufalls gewesen, das war ja fast jedem bekannt – aber als ein Schwein im klassischen Sinn war er deshalb noch lange nicht zu betrachten!, ob auch der *äußere Anschein* der Medienforschung recht zu geben schien hin und wieder. –//– Das mußte man sich spätestens beim Abgesang dieser Modenschau zähneknirschend gestehen, so leid es einem auch tat: Eine Kavalkade karnevalesk-kurioser gewagter Anzüglichkeiten brach über uns Ahnungslose herein, nach deren bemerkenswert engagiertem Vortrag der Begriff des DEFTIG-REALISTISCHEN zumindest erheblich durchlöchert, ja leergeflossen erschien, sodann mit neuem Inhalt gefüllt . . . Sollte es wirklich Knackes zynische Absicht gewesen sein – wenn ja, dann hatte er es *erstklassig hingekriegt* –, wenigstens einen Teil des Publikums und der Mitwirkenden – aber Mitwirkende waren wir letzten Endes wohl alle –, und zwar den bösartigsten und gefährlichsten Teil mit Tränenblindheit und Geistesverwirrung zu schlagen? Ich kann es *im Tiefsten* nicht glauben. Was folgte, schien mir eher jenen wagemutigen Stimmen recht zu geben, die die Vermutung äußerten, Wilhelm Sorgenfrey Knacke wäre schon seit Wochen nicht mehr ganz Herr seiner Truppen; und die Fäden, die er früher so souverän zu ziehen vermocht, hätten sich in seinen überstrapazierten Fingern unauflösbar verwirrt; kurz, er hätte wieder einmal nicht scharf genug aufgepaßt . . . – Wie auch immer: Was zum Schluß, wie man sagt, auf den Laufsteg hinausgeschickt wurde, um es fachmännisch auszudrücken, ließ sich nur mit einiger Weitherzigkeit und mindestens sporadischer oder partieller sogenannter Abartigkeit goutieren, dieser sogenannte SPORTS-WEAR, vom Ansager angekündigt als die lange geforderte Sondermode für Koprophagen u. ä., wie man sie im dritten Jahr des zweiten Jahrtausends nach Christus den gewachsenen Bedürfnissen auch unserer Landbevölkerung schulde u. ä. . . . Sie bis ins feinste Detail zu beschreiben, lieber Eddi, muß ich mir aus Termingründen wie auch aus Papiermangel leider versagen; der Name MODDER-LOOK sagt eigentlich schon genug! Einiges läßt sich womöglich erahnen, wenn man weiß, daß die *Mannen* aus dem Hause DEFTIG-REALISTISCHES sich zur Absicherung ihres modischen Tuns (nach den Enthüllungen des Conférenciers) auf das eine oder andere Vorbild berufen – wie Kinder, gelt?, die nach einem übel ausgegangenen Streich beteuern: »Ich habe nicht angefangen, Mutti, Friedemann war der erste!« –, im wesentlichen auf zwei geistreiche Vorstöße aus den späten Siebzigern, frühen Achtzigern des verflossenen Jahrhunderts, wie sie damals die Münchner SÜDDEUTSCHE ZEITUNG zu beschreiben versucht hat, nämlich a) auf das von einer cleveren Modistin in Washington für sogenannte Jogger entwickelte *»Sprinthemdchen mit eingearbeiteten synthetischen Schweißflecken«*, und b) auf eine Mode weniger für den Homo sapiens als für Automobile, und zwar für den dazumal bevorzugten *Landrover* oder Geländewagen, welchen vor allem die Schickeria zwischen München und Sylt stilecht-ländlich verdreckt und schick bematscht haben wollte; eine – ich zitiere – »progressive deutsche Autozubehörfirma« zum Beispiel – SÜDDEUTSCHE ZEITUNG vom 24. Oktober 80, Material aus meinem schier unerschöpflichen Seesack, lieber Eddi! –, diese Firma bot dem Automobilisten vier Sorten des fabelhaftesten Drecks an, aufzutragen übrigens im Sprühverfahren und garantiert drei Wochen haltbar: 1. die Marke SCHOTTLAND – schwarzem Moorschlamm ähnlich gestaltet –; 2. die Marke AMAZONAS – roter Schlamm mit Lianenstückchen darin –; 3. die Marke TUNDRA – olivgrün mit eingearbeiteten Insekten –; 4. SAHARA – wüstengelb mit Kiesel- und Steinresten etcetera! (Ja, da sieht man es endlich, wo die leider von zu wenigen viel vermißte dichterische Imaginationskraft geblieben ist, wohin sie weggesickert, wohin sie *entfleucht* ist ...) Anregung jedenfalls *noch und noch* für die Haute Couture, doch auch für Friseure und Coiffeure – wer trüge nicht gern ein Olivgrün mit Insekten unter den Fingernägeln herum statt der üblichen Smogablagerungen, statt des unattraktiven Akten- oder auch Manuskriptstaubs? Die Knacke-Crew hatte das überreiche Angebot von hier und von da, aus dem Nahen und aus dem Fernen Westen natürlich auf *ihre* Weise zu nutzen gewußt: *Verfänglichste* Damenshorts mit synthetisch eingearbeiteten geradezu demonstrativ zur Schau getragenen Urin-Elementen, wüstengelb und mit Nierensteinbröckchen garniert – da lächelt Dein Koprophagenherz, was, lieber Eddi? –, auch traumhafte moorschlammfarbene Reizwäsche, farblich aufgehellt hier und da durch diese und jene ... Swift!, Swift!, Swift!, Swift! Nein, lieber Eddi: *diesen* einen Freundschaftsdienst muß ich Dir abschlagen dürfen, alles das, so gern ich es möchte, in meiner ordentlichen und genauen Manier bis in die abgelegensten Nähte hinein zu beschreiben; ich muß Dich bitten, die Flügel Deiner entsprechenden Phantasie zu benützen – rauschen sie und klappern sie nicht schon unruhig auf und nieder, dear friend? Für Bobbi Bergermann aber heiße es an diesem Punkt: Basta!, Punkt! Bei Seite geschoben die *unerträgliche Sauerei*! Es gilt im Gegenteil einen Blick auf eines der Schlußstücke dieser Darlegung festlicher Moden für die weibliche Landbevölkerung und deren männlichen Anhang zu werfen, einen äußerst chancenreichen Modevorschlag für männliche und weibliche BLITZER, welcher – *das* Ei des Kolumbus für exhibitionistisch veranlagte Bürger – ein einziges Kleidungsstück nur beinhaltet, sieht man von Armbanduhren oder Ohrringen ab: nämlich ein mehr oder weniger kostbares quadratisches, dreieckiges, seltener rundes Postwertzeichen (Briefmarke), wo zu tragen?, Hagen von Tronje?, zwischen den Schulterblättern natürlich, aufgeklebt allerdings mit einem verläßlicheren Klebstoff, als ihn die Post gegenwärtig bevorzugt bei uns; man stünde ja anders alle Naselang vollkommen nackt ... Ebenso blitzartig wie diese *unwahrscheinliche* Mode-Idee hat sich *(wie uns verraten wurde)* auch der Name für dieses Modell eingestellt: RÜCKENPORTO – Du wirst mir beipflichten müssen: Eine treffendere Bezeichnung läßt sich wahrlich schwer denken: RÜCKENPORTO! Die Variabilität der Kollektion, das leuchtet im Augenblick ein, kann als nahezu grenzenlos eingeschätzt werden, ebenso die Zielgruppe, der sie gilt (wenn man *Heim-Blitzer* mitzählt): So gut wie jeder dürfte irgendeine Briefmarke finden, mit der er sich gerne frankieren möchte. Indessen setzt auch hier der leidige Geldbeutel für gewisse Teile der Bevölkerung Grenzen, so daß Rang- oder Klassenunterschiede beziehungsweise die Distanzen zwischen Oben und Unten stets gewahrt bleiben; zwischen der Trägerin unserer grünen Fünfpfennigsmarke mit dem Pelikan und dem Alfred-Brehm-Haus darauf und dem Träger der Blauen Mauritius liegen, Du wirst mir schon wieder beipflichten müssen, Welten! (Ohne Rücksicht auf Ansehen oder Rang des Betreffenden, das ist bereits *abgesichert*, will unsere Post freilich jedem, der es für schön hält, den passenden oder erwünschten Stempel gratis auf das Schulterblatt knallen – wittert das Postministerium ein Geschäft, eine wesentliche Steigerung des Briefmarkenhandels?) – RÜCKENPORTO also! Man wird noch hören davon, eine originäre Schöpfung der DDR-Couture. Denn dem sogenannten MOS-

COW-TOUCH (Blousons, Blousons!, und immer waren es Russenhemden, Russenkittel *von der Anlage her*), dem Einfluß des von der PUBLIC-RELATIONS-Abteilung so dringlich beschworenen Slawa Maiski (Blousons, Blousons!), nein, ihm und der Moskauer Linie waren solche exzentrischen Wagestückchen schwerlich gedankt... »Die Mode«, hatte Maestro Maiski vor einigen Jahren gegenüber der Illustrierten FREIE WELT hervorgehoben, »die Mode ist eine sehr *konkrete Kunst*, mit der die Menschen Tag für Tag umgehen und leben. Deshalb spreche ich dem Modeschöpfer das Recht ab, unnütze Modelle zu kreieren, die allenfalls belächelt werden können...« Womit er, wie mir erzählt wurde, nur den bedeutsamen Wandspruch zitierte, der ihm daheim in seiner guten Stube über dem Kopf hängt... »Ach, liebe Genossen!«, pflegt er angeblich im intimeren Kreis zu Balalaikaklängen zu klagen, »ach, Brüder, wenn ich mich hier umsehen darf – wo ist sie denn nur geblieben, die lockere, legere, bequeme Herrenmode der römischen Toga?« (*Locker/Leger/Bequem!*, die berühmte maiskische Troika!) »Statt dessen, ach, Kinderchen, überall nur das wenig nütze Beinkleid einer ständig kneifenden bis zum schrecklichen sogenannten Schuhwerk hinunterreichenden *Hose*, über die man allenfalls lächeln kann, ohne es indessen jemals zu tun...!« So Maiski, wird kolportiert.* Trotzdem scheint mir eines ganz sicher zu sein – und Gunnar Alltsch stimmte dem unmaßgeblichen Kommentar seines »Regenschirmträgers« von höherer Warte aus zu –: Einige Nummern der Knackeschen Show hätten Slawa Maiski nicht nur die Haare zu Berge stehen lassen, sondern ihn gewiß mehr als einmal zu einem Lächeln, ja Grinsen des empörtesten Mitleids veranlaßt... Das wußten eigentlich alle! Und so waren die summierenden Worte des Moderators wohl eher zum Fenster hinausgesprochen (besser – geschluchzt), mit denen er (ehe das Ganze im Tohuwabohu verscholl) wie in Zeitnot einen Schlußpunkt

* *Anmerkung des Herausgebers.* // Ob Bobbi »B.« Bergermann nicht doch den großen Moskauer Modeschöpfer Juri Gladkich meint, wenn er von Slawa Maiski spricht? Juri Gladkich, welcher in einem Interview mit der Illustrierten FREIE WELT die Meinung geäußert hat: »Die Mode ist eine sehr konkrete Kunst, mit

zu setzen versuchte und einen Ausblick bot, der manchen schockierte: »Sie sehen, meine Damen und Herren, *bunte* optimistisch klingende *Stufenröcke sind die Favoriten des nächsten Sommers* . . .« –//– Das aber, lieber Eddi, diesen einen Satz darf man ruhig weitergeben als eine Klatschtante Deines Kalibers, das ja! Alles Übrige ist bis zu diesem Moment noch nicht »freigegeben« und sollte vorerst als Phantasmagorisches aufgefaßt werden! Bitte! Dein Bobbi –

4

NOCH NICHT FREIGEGEBEN! – Überaus charakteristisch für unseren Bobbi Bergermann, daß er nicht vergißt, dem Wust des von ihm Hinausposaunten auch noch die Mitteilung anzufügen, ja, sie hinauszuposaunen, daß dies alles eigentlich gar nicht mitgeteilt werden dürfe: noch nicht freigegeben, wie er triumphierend und gewissenlos freigibt – dürftig getarnt die Pointe als besorgte Belehrung des Adressaten! . . . Nicht nur ich dürfte angesichts dieses mindestens doppelten Geheimnisverrats verwundert erschauern: Daß so etwas überhaupt die Grenzen der DDR, ja schon die Grenzen von Großgabichtsgrund nach Berlin hin passiert hat! Und doch, wie seltsam, hat Bobbis Modebericht nicht nur in einwandfrei intaktem, also vollen Ornat die angegebene Adresse erreicht, sondern auch *in der Rekordzeit von nur wenig mehr als sieben Wochen, drei*

der die Menschen Tag für Tag umgehen und leben. Deshalb *spreche ich dem Modeschöpfer das Recht ab, unnütze Modelle zu kreieren*, die allenfalls belächelt werden können . . .«? Die Ähnlichkeit mit dem weiter oben von B. »B.« B. nach der Illustrierten FREIE WELT zitierten Ausspruch Slawa Maiskis ist eher frappant. Daß auch bei Juri Gladkich so manche offene Wunde geschwärt hat zwischen Wort und Tat (und möglicherweise immer noch schwärt), läßt sich unschwer aus einer Theaterkritik in THEATER DER ZEIT (12/82) schlußfolgern, welche einer Inszenierung des »Tollen Tags« von Beaumarchais im Moskauer THEATER DER SATIRE gewidmet ist: ». . . der Moskauer Modeschöpfer«, so liest man, »hatte reizende Rokoko-Kostüme entworfen; *mit sozialer Konturierung hatte er wohl weniger im Sinn:* alle Figuren waren in schweren Atlas gehüllt. Figaro und Susanne konnten sich gar kostbar-funkelnde Stickereien leisten . . .« (ThdZ 12/82)

Tagen und acht Stunden – im Unterschied zu so vielem harmlosen Blödsinn, welchem der Postweg bis Devils Lake wahrscheinlich zu lang war. Aber seltsamer noch – und ich kann es selber kaum glauben –: Gerade die problematische Gruppe jener Briefe, die Noch-Nicht-Freigegebenes enthielten, ist fast vollzählig angekommen, wenn nicht sogar hundertprozentig; eine Erklärung für solche Bevorzugung wüßte ich nicht ... Ach, *durchgerutscht* (sagt man sich behelfsweise), einfach so durchgerutscht (und verwendet eines der am Beginn des dritten Jahrtausends erfolgreichsten Wörter: durchgerutscht); *durchgeflutscht* gleich anderem Sperrigen, das mit wenig Hoffnung abgeschickt war. Dabei hätte unseren Freund noch in den Jahren 95/96 – den gottlob hinter uns liegenden »schwarzen Neunzigern« mit ihren tragischen Begleiterscheinungen – so manche seiner im lockersten Plaudertaschenton übermittelte Botschaft, wäre man ihrer habhaft geworden, im Handumdrehen die sogenannte *Rübe kosten können,* wie es beschönigend vom Volksmund genannt wird, das mit einer Art von weiterentwickeltem Dudelsack durchgeführte säuberliche Zerblasen des Schädelinhalts ... (Gehirn-Zer*blä*sung, wie der Fachausdruck lautet, und nicht etwa Zer*bla*sung, wie der Nichtfachmann gerne sagt.) Es genügt, an die Weihnachtspostkarte mit der eifernden Mitteilung über Zahl und Größe der Eier zu denken, welche Bobbis ewige hoch verehrte Frau Staatsratsvorsitzende beim Frühstück zu sich zu nehmen pflegt (*drei* B-Eier nämlich); nichts naheliegender in Zeiten zugespitzterer ideologischer Auseinandersetzung und wachsender Wachsamkeit als augenblicklich einen Zusammenhang zu sehen zwischen solch einem Weihnachtsgruß – auf einer Osterpostkarte wäre die Mitteilung noch verdächtiger gewesen – und dem oder jenem üblen Geheimdienst. (Hat man vergessen, daß Fidel Castro, bekanntlich Zigarren-Kettenraucher, vorzeiten mit nichts Geschmackvollerem als einem vergifteten Exemplar seiner Lieblingszigarre aus dem Weg geräumt werden sollte? – »*Menschen, seid wachsam – und nichts anderes als das*!«, man erinnert sich vielleicht noch dieser beliebtesten aller blut- und tränenschwangeren Parolen von damals ...) Vor allem aus Sorge um Bobbi Bergermann war es, daß ich nicht allein für den Weltfrieden, sondern ebenso für die Abschaffung der Todesstrafe zumindest in der Hauptstadt der DDR und der Mark Brandenburg (Bezirk Potsdam) *plädiert* habe – immer aufs neue: was mirmeinen Ruf als »Friedensfeind« eingebracht hat; wirklich, es war immer *nur* wegen Bobbi, genauer noch, im Interesse der Fortführung seines epistolarischen Werks, ob dieses auch dem Herausgeber selber mehr als nur eine böse Stunde bescherte und tiefe Wunden mehr als genug schlug ... (Siehe oben den Schluß des Modeberichts, und die Unterstellung der »Klatschtantenhaftigkeit« gegenüber dem Herausgeber, welche letztendlich diese Zwischenbemerkungen nötig gemacht hat; man fasse sie als *öffentliche Klarstellung* auf!) Für die Eigenheiten Bobbi »Bumke« Bergermanns um Verständnis zu werben, verstand sich unter diesem Gesichtspunkt von selbst: Natürlich wäre es ja gerade Bobbi Bergermanns manische Redseligkeit, diese im wesentlichen nach dem Prinzip des l'art pour l'art funktionierende nachrichtendienstliche Tätigkeit ins Anonyme hinein, welche seine Briefe (oder auch die von Bobbi besprochenen Tonbänder) für die Nachwelt so unvergleichlich wertvoll zu machen verspräche, das einzige Briefwerk solcher alle Gefährdung mißachtenden (so wörtlich:) *lausbubenhaft drauflosgeschnatterten Prägung* in der jüngeren Jetzt-Zeit! (Unersetzlich das ganze Konvolut als Quellenwerk u. ä. zum Beispiel für jede seriösere Geschichte der Geheimdiplomatie u. ä. in diesen Jahren, wie sie irgendwann sicher einmal zu schreiben sein wird – oh glanzvoller Tag der geöffneten Panzerschränke und Aufklärung *über das meiste,* wie oft wir vertröstet auf ihn! –, falls die späteren Generationen im Rahmen der wachsenden Lustlosigkeit überhaupt noch an irgend etwas ernsthaft interessiert sind, was nicht wenigen fraglich erscheint.) Wer wie der Herausgeber und in späteren Jahren möglicherweise der Leser sich einen tieferen Einblick in das epistolarische Œuvre Bobbi Bergermanns verschafft hat, wird sich gelegentlich – unterstützt das meine Argumentation für den Kenner? – in die Briefwelt, die umfänglich-reichen, vertrauensvoll-exzessiven Briefwechsel keiner anderen als der *Goethe-Zeit* versetzt fühlen müssen, die den Postwegen offenkundig noch vollkommen arglos vertraut hat – eine Frage, die vor vielen Jahren schon einmal am Stammtisch im KEGLERHEIM durchdiskutiert worden ist (im Beisein von Bubi Blazezak, Berni Bolle, Bulli Bulan), wie mir dieser Tage jäh wieder einfiel, als ich in einem Zeitungsartikel den Satz fand: »Mitteilungs*lust* und Mitteilungs*bedürfnis* ...« – genau wie bei Bobbi! – »... halten sich bei Goethe ungefähr die Waage.« Kein Wunder, daß Bobbi Bergermann als Briefschreiber für die weniger ausgewogene, nicht ganz so locker formulierende postalische Umwelt ein Grund zu ständiger Sorge war oder wurde (Sorge um die Betroffenen selbst, um Bobbi, um die Nation), Anlaß zu erschrockener Vorsicht, ja panischer Angst, bisweilen kalte Schweißausbrüche bewirkend mit dem oder jenem Nebensatz schon! »*Nur nichts Schriftliches*!«, lautete ja nicht zufällig eines der zehn Gebote der Zeit, hieß die selbst staatlicherseits, wenn auch nur mündlich, den Behörden verordnete Medizin; man fand es sogar (paradox und inkonsequent) an die Wände von Bedürfnisanstalten gekritzelt: NUR NICHTS SCHRIFTLICHES! Deshalb die vielen »Gruppengespräche«, *persönlichen* Unterredungen – der Begriff des »taktischen Gesprächs« wurde damals geboren –, die zahllosen Worte unter vier Augen, oft außerdem zwischen Tür und Angel: vor allem verbreitet das alles in seinen verschiedenen Variationen auf dem Gebiet (Sektor) der Literaturpolitik, will es mir heute erscheinen, des Verlagswesens, der lenkenden Pflege der Literatur und der Literaten; für so gut wie keinen der häufig folgenreichen *außer-schriftlichen Vorgänge* gäbe es irgendwelche Belege, wenn wir nicht Bobbi Bergermanns materialreiche Briefschaften hätten. (Glücklich der privilegierte Bürger, der sich *abgehört* weiß und auf Tonband genommen, nicht gänzlich verweht seine ehemaligen Argumente und Rechtfertigungen ...) Nur nichts Schriftliches! Bobbi Bergermann schien durch solche Aufforderungen zu einer Haltung und Handlungsweise geradezu hingepeitscht zu werden, welche exemplarisch das Gegenteil zum Ausdruck brachte und propagieren zu wollen schien: »*Nur noch schriftlich* alles!, meine Damen und Herren, nichts anderes mehr ...« Das soll nicht heißen, daß er als glühender Märchenerzähler für Große und

Kleine jemals auch nur für Tage *verstummt* ist; zu unserer Freude wie zu unserem Leidwesen war er mit seinem linken Mundwinkel keinesfalls weniger faul als mit seiner rechten ständig vibrierenden Klaue... –//– In anderen Fällen (siehe: oben) mußten eben die Geheimhaltungsvorschriften her; ach, das *hohe Verantwortungsbewußtsein* und der angestrengt *tiefe Ernst*, die einen anstarrten bei dem meistens unbegreiflich hohlen Bescheid: »Noch nicht freigegeben, Kollege X.! Na, *vielleicht in zehn Jahren*!« (Also nie!, wie einen die Erfahrung inzwischen solche Verheißungen zu interpretieren gelehrt hatte: nie!) Und wenn man einen fragenden Gesichtsausdruck vorwies – »*Ohne Nennung von Gründen*!« Für Bobbi, für »Bumke« Bergermann schienen solcherlei Parolen (der übersteuerten Vorsicht?) und Winke (des schlechten Gewissens?) regelmäßig das Gegenteil dessen zu bewirken, was mit ihnen bezweckt war: Statt krankhafter Produktionshemmung und *verräterisch schwiemelnder Bleichsucht* anheimzufallen, ließ er – gewollt oder ungewollt – auf seinen Wangen explosionshaft die Rosen eines krankhaften Kreativen erblühen, wie sie der schöpferischen Raserei entsprechen mochten, welcher er in jeder Schicksals-Zwickmühle *automatisch* verfiel... Statt dem erwarteten geistigen und körperlichen Siechtum zu seinem Recht zu verhelfen, *legte er los*; und am heftigsten, sobald er der liebenswürdigen *Drohung* gewahr wurde, die im behördlichen »Psst« in liederlicher Machart als Grundton oft mitschwang. Eines ist wohl unbestritten inzwischen ringsum: Am Ende des zwanzigsten Jahrhunderts wie am Beginn des einundzwanzigsten hat in Zentral-Europa – wie sich *das* herumgesprochen haben mag? – kein einziger Mensch gelebt und gewirkt, der mit so unbekümmerter Begeisterung drauflosschrieb: über allgemein Bekanntes, wie es einem bereits *zum Hals heraussstand*, mit nicht minderer Intensität als über die allergeheimsten Exzesse und Exkremente sogenannter führender Kreise, bei deren Mitteilung sich zumindest der aufgeschlossenere Teil der Bevölkerung Lippen und Schnurrbarthaar leckt. Was Bobbi Bergermann in die Quere kam, was ihm an Gedanken und Gedudel durch den Kopf ging – war er in Wut geraten: Platsch!, schon stand es auf dem Papier, und in Sätzen, von denen einige in die Ewigkeit hinüberzuragen wohl das Zeug in sich haben; des' bin ich gewiß! Heiner Müller, völlig unfrei wahrhaftig nicht, hat nach einigen Begegnungen mit »Bumke« denselben einem ostasiatischen Penner-Ehepaar gegenüber sehr richtig als den »freiesten Menschen Europas« bezeichnet, nicht ohne im selben Atemzug hinzuzufügen: »Ein Irrer!« (*Abwertender* Tiefschlag, ob er auch sympathisierend gemeint gewesen sein soll, der ein striktes Dementi erheischt; bei aller Freundschaft: es wäre nur gerecht, Heiner Müller angesichts solcher wenig qualifizierten »Leistung« die *Gegenfrage* zu stellen, ob er sich, bitte, nicht selber *'mal auf seinen Geisteszustand hin* untersuchen lassen sollte – eine zu billige Retourkutsche, in der Tat!, deshalb bleibe es unausgesprochen.) Die Sache verhält sich in Wahrheit *einfacher und komplizierter zugleich;* am ehesten dürfte die Hypothese eines gewissen Dr. Nachtfalter (»*Sitten-Molli und Macke-Doktor* in einem«) dem Sachverhalt nahekommen, wenn sie vom kindlichen Trotz Bobbi Bergermanns spricht, welcher sich mit Zähnen und Klauen gegen die Ausbildung eines Systems von (relativ simplen) Schutzmechanismen zur Wehr zu setzen verstand, das einen angeblich *vor dem Schlimmsten zu bewahren* geeignet sein soll: »Jedes Mal«, so Dr. Nachtfalter, »wenn er dieses Korsett über seinem Haupt schweben sah, hat es geknallt!!!« Ein feiner Seelenkenner, no doubt! Und am lautesten der Knall, wenn es Bobbi mit dem Hinweis auf Bertolt Brecht und dessen Bauernschläue dargereicht ward! Unzählige Male habe ich selber bis in die neunziger Jahre hinein den Hohn und die Verachtung Bobbi Bergermanns für die Träger jenes Korsetts beobachten können, von dem Dr. Nachtfalter spricht, eines Korsetts, das als eine der entscheidenden Dominanten den Charakter des Menschen der Neuzeit geprägt haben dürfte – jaulender oder hündisch wedelnder Blick im Verein mit dem straffen Auftreten eines deutschen Hundedressur-Berechtigten war nur *eine* der vielen Kombinationen charakteristischer Merkmale, welche Bobbi Bergermann zu plötzlichem Durch-die-Finger-Rotzen oder einem dreistufigen Forzgeräusch hinriß (nein, artig konnte man Bobbi nicht nennen); noch Schlimmeres, das sich der Mitteilung durch gehobene Sprache entzieht, bot Bobbi Bergermann anbetrachts der Vorführung jener beinahe schon artistischen Fähigkeit mancher Bevölkerungsgruppe, in Bruchteilen einer Sekunde den Ohren- und Mundmuskel wasser- und luftdicht wie einen der neuen Patentverschlüsse zusammenschnurren zu lassen: schockartig taubstumm geworden!, erschrak man jedes Mal neu. Im spürbaren Gegensatz zu so hochgezüchteter Perfektion schien Bobbi Bergermann tatsächlich sozusagen *nie aus den Windeln herausgekommen* zu sein. (Ob das an seiner Mutter lag, der Graeco-Rheinländerin?) Wo die anderen *schlagartig,* wie man sagt, *ihre Schnauze hielten* – hier haben wir endlich Bobbi »Bumke« als glanzvollen Entertainer und eruptiven Märchenerzähler: Bobbi Bergermann live! –, begann unser alter Kumpel augenblicklich und ohne alle Bedenken in bezug auf Sitte, Anstand, Moral beziehungsweise die darin verhäkelten und verstrickten Interessen der Staatsmacht stotternd seine brutalen Enthüllungen – das Egon-Erwin-Kisch-Syndrom! – und seine brausenden Predigten – das Abraham-a-Santa-Clara-Syndrom! – herunterzuquasseln wie ein *frisch explodiertes Schrapnell*; spitzwinklig schnellende Gesten unterstützten den durch allerlei Kieselsteine, Felsbrocken, Wasserleichen abgebremsten Verlauf des Wildbachs der libertinistischen Rede – ja, er stotterte ein kleines Bißchen: Bobbi – und bewirkten gleichzeitig – so, als wäre ein ungeübter Messerwerfer zugange – eine immer *empfindlicher* klaffende Distanz zwischen ihm und den anderen rings, eine immer prononcierter zur Schau gestellte (für wen nur?) innere und äußere Distanzierung von Bobbi, wenigstens für den Zeitraum seiner öffentlichen Exaltation, wenigstens so lange, wie die undefinierbare breitere Öffentlichkeit ihr unfreiwilliger (?) und unwillkommener Zeuge blieb ... War man dann wieder *unter sich,* sah man Bobbi als Mensch und Vortragskünstler von seinen falschen und ehrlichen Freunden neuerlich herzlich willkommen geheißen. –//– »*Komische Menschheit*! Doch dann auch hin und wieder irgendwie rührend nett!« Komischer Bobbi Bergermann, dem wir diesen Ausspruch verdanken, trotz aller Erklärungsversuche, trotz Dr. Nachtfalter auch, *im Tiefsten,* wenn man ehrlich sein will, ein Rätsel bis heute wie jene ... »Das ist nicht nur *ein* Mensch!« hat eine Dame, die es wissen muß, einmal gesagt, »das sind *sieben*!« Ungeachtet der aus solcher Vielzahl erwachsenden Schwierigkeiten möchte der Herausgeber, Opfer seines altersbedingten greisinnenhaften Sortierbetriebs und der nur vorläufigen Bedeutung seiner Darlegung *vollauf bewußt* – eigentlich ist sie völliger Quatsch! –, das bisher ins Auge Gefaßte rekapitulieren, indem er summa summarum die *drei* seiner Meinung nach konstituierenden Scheite aus dem knarzig-knorzigen, teilweise etwas zermorschten Baumstumpf des Bergermannschen Charakters mit analytischem Hackbeil herauszuspalten sich müht, außerdem die Zähne zu Hilfe nimmt bei dem, bitte, nur als poetisches Bild zu verstehenden Akt – denn in Wirklichkeit sind die herausgehackten Späne, auch an drei aus wirrem Knäuel herausgezogene Fäden ließe sich denken, vollkommen unauflöslich miteinander verfilzt, verfitzt, zusammengeklebt, ineinandergesträhnt und -geschraubt, widerspruchsvoll und dialektisch einander bedingend, so daß es letztendlich *purer Nonsens* wäre, von a), von b) und c) zu sprechen –, welcher uns immerhin, dieser schneidige bildhafte Akt, in die glückliche Lage versetzt, eine wenn auch nur provisorische, aber nicht ganz und gar von der Hand zu weisende Unterscheidung zu treffen zwischen a), dem sich überdeutlich zeigenden Bergermannschen *Fußballertemperament* reinsten Wassers – seine Prosa, weniger »getanzt« wie die von Andrej Bjely, sondern gefußballert, ja! –, wobei eine Doppelbegabung gedacht werden müßte, ein drangvoller Stürmer, der zur gleichen Zeit als Tormann sein Werk tut, eine Kreuzung zwischen den unsterblichen Sepp Maier und Karl-Heinz Rummenigge gewissermaßen, welche zusätzlich etwas Saarländisches im gemüthaften Sinne Ludwig Harigs, glaubt man zu fühlen, ausstrahlt wohl gar; dann b) die nur schwer zu mißdeutende geschmackliche Neigung zum Poppigen hin – Schiffskapitän oder weiblicher Pop-Star wollte Bobbi als Siebenjähriger werden –, welche er indessen mit Hilfe seiner Literatur-Theorie zumindest theoretisch höchst produktiv »aufzuheben« verstand, wie es sich u. a. in der Äußerung zeigt: »*Alles ist eigentlich Pop* in dem Sinne wie eigentlich alles Sozialistischer Realismus zu sein scheint – oder täusche ich mich?«; schließlich c) Bobbi Bergermanns extraordinäre menschliche Güte, diese spürbare Strähne Himalaya in seinem wüstesten Wutausbruch noch, irgend etwas fein Abgestuftes in ihm, das ihn zur Gründung einer Hinterhofsekte prädestiniert hätte, unseren Freund, zu dessen bei jeder sich bietenden Gelegenheit aufgesagten Lieblingsmaximen ohnehin schon eine kleine Kollektion der Segenssprüche des Meisters von Poona gehörte, mit weitem Abstand bevorzugt ein unbedingt englisch zu sprechender Text des Bhagwan: »What I do is more gossip than gospel«, der im Deutschen viel von seinem Charme und Stabreim verliert: Was ich tue, hat mehr mit Tratsch als mit Verkündung zu tun ... (*Mir* aber »Klatschtantenhaftigkeit« unterstellen und mich zu dieser KLARSTELLUNG zwingen, die mir sowieso die Hälfte der Menschheit wieder nicht abnimmt!) Hin und wieder träume ich sogar in Devils Lake von einem Bobbi »Bumke« Bergermann im stürmisch bewegten Gurugewand ... So viel zu a), b) und c), ausreichend insgesamt, wie der Herausgeber hofft, um die wundervolle und singuläre Unfähigkeit Bobbi Bergermanns zu erklären, Aufgeschnapptes, dann von ihm Weitergereichtes seinem unterschiedlichen Gewicht und Rang nach zu differenzieren (wodurch es recht eigentlich erst nutzbar, *handhabbar* und in die *Machbarkeit* überführbar geworden wäre), von dem damit zusammenhängenden entzückend vorverlagerten Fehlen des Instinkts für Grenzen, Grenzmarkierungen, Eingrenzungen, Grenzüberschreitungen, Grenzern zu schweigen (ein Mangel, ob auch als Grenzfall, mit dem Beigeschmack des Tugendhaften, sagt mir mein ideologisch noch immer ungefestigtes Herz) ... Wie es Bobbi Bergermann gelungen ist, unter solchen Umständen so lange zu leben und sogar das Greisenalter zu erreichen, mag man ein Wunder heißen, wenn man *auf Religion steht*; nicht akzeptabel ist die gerüchtweise alle fünf Jahre neu in Umlauf gebrachte Erklärung – vermutlich von Mitarbeitern des FBI, des MFS, des Secret Service, des CIA undsoweiter erdacht –, Bobbi »Bumke« Bergermann habe in engster Verbindung mit dem CIA, dem Secret Service, dem MDI oder MFS, dem

FBI, dem PTC, der MCCC, der UKVD, der LDZ, dem ND, der NDL, womöglich auch dem FFCTTP gequasselt, gehandelt, gelebt! Dann schon eher ein Wunder... Aber es gibt auch eine *halbwegs rationale Erklärung*: Die vielleicht wichtigste Eigenart Bobbi Bergermanns, oft kopiert und nie erreicht, haben wir bisher mit keinem einzigen Wörtchen gestreift, die sagenhafte *Aura totaler Harmlosigkeit* – wie gesagt: oft kopiert und nie erreicht –, schwerer sie zu beschreiben als jede andere Eigentümlichkeit des Mannes, des Dichters, des Freunds, eine kaum künstlich hervorzubringende Aura, welche jedem das genußreichste Überlegenheitsgefühl eingeben mußte: Bobbi, der Tapsige, Bobbi, der reine Tor, Bobbi, der Dämliche, Bobbi, der *Erfolglose... Das* Geheimnis von Bobbis Erfolg zweifellos! (Und mit solchen Epitheta versehen wurde er wahrscheinlich auch in den sogenannten »Akten« geführt, ob in Ost oder West...) Nur so läßt sich sein unvergleichlicher Dusel begreifen; anders konnten sie offenbar nicht reifen, die vielleicht kühnsten unveröffentlichten Seiten der gesamten DDR-Literatur, anders konnten sie offenbar nicht geschrieben werden in unserer Zeit. Bobbi Bergermann galt zwar keineswegs als ein »Irrer« – da möge Heiner Müller mit sich selber ins reine kommen –, aber doch als ein »ziemlicher« Idiot: das war der Preis, der gezahlt werden mußte, und Bobbi zahlte ihn, ohne mit der Wimper zu zucken... Gelegentlich, wie schon angedeutet, haben einige urbane Galgenvögel, beeindruckt von der sichtlichen Unantastbarkeit Bobbi Bergermanns, den Versuch unternommen, seine erfolglos-erfolgreiche Rolle nachzuspielen – in böser kommerzieller Absicht natürlich –, ein Abenteuer, das jedes Mal kläglich endete und im Mißklang; der resignative Schlußkommentar lief stets auf die gleichen Worte hinaus: »Es geht nicht!« – Muß ich diesen drei Silben auch nur noch eine hinzufügen? Muß ich mehr dazu sagen? –//– PS.: Vorstehende KLARSTELLUNG wird dem *anspruchsvollen* Leser sicher genügen, und der Leser Günter Görlichs ist dem Herausgeber ohnehin fast *schnuppe bis schnurz*. Wer hier eine alte »Klatschtante« ist, sollte keine Frage mehr sein! In bezug auf den eher einsilbigen Herausgeber kann der Begriff aus der Gossensprache nicht einmal provisorisch zur Kennzeichnung dienen, wie jeder, der mich ein kleines Bißchen genauer kennt, weiß. Bobbi Bergermanns Seitenhieb, zweifellos, trifft den Falschen. Für die Ohren der näheren Freunde des Epistolators vom Prenzlauer Berg mag der Schluß seines obigen Briefes sogar wie eine indirekte Selbstzurechtweisung Bobbi Bergermanns klingen. Andererseits ... aber lassen wir das!

5

(Aus dem Nachtrag Bobbi »Bumke« Bergermanns zu seinem Brief über die Knackesche Modenschau FESTLICHES FÜR DIE WEIBLICHE LANDBEVÖLKERUNG, etwa 14 Tage nach dem ersten Bericht geschrieben und abgeschickt, angekommen in Devils Lake in einem Zustand fortgeschrittener Verwahrlosung und teilweise unleserlich etwa 23 Monate nach dem Eingang des Schreibens, auf das er sich offensichtlich bezieht:) ... war wohl doch recht unvollständig, mein lieber Eddy »Pferdefuß« Endler, vor allem was die eigentliche Mode-Darbietung betrifft; mit Recht bin ich darauf aufmerksam gemacht worden, daß es sich bei der Schöpfung RÜCKENPORTO schließlich nur um einen experimentellen Schnörkel am Rande gehandelt habe, keineswegs aber um ein repräsentatives Produkt der »Hauptlinie« unseres modeschöpferischen Geschehens ... Natürlich war es nicht böse Absicht, wenn die Akzente in meinem Report als *verschoben* erscheinen! Um es nur frei heraus einzugestehen, mein Lieber: Aufgrund unserer mangelnden Qualifikation auf diesem Gebiet konnten weder Gunnar Alltsch noch ich, sein Regenschirmträger, auch nur annähernd den praktisch-politischen beziehungsweise philosophisch-ethischen Aspekt des Gebotenen einschätzen, folglich auch nicht seinen Rang! Die Berichterstattung über diese empfindliche Materie – so der Herr, dem ich ahnungslos einen Durchschlag des Briefes als Urlaubs-Lektüre aufgeschwätzt hatte – sollte doch lieber den dafür zuständigen *hoch-gebildeten* Fachleuten überlassen bleiben, etwa den »berufenen Mündern« in einem »gewissen Verband« – der Herr sprach mit Alltsch, mit mir schon lange nicht mehr –:

Weshalb wären diese Kollegen eigentlich *angestellt* worden, wenn dann doch im entscheidenden Augenblick so ein blutiger Laie wie Bobbi Bergermann – der Herr meinte mich! – den Tenor der *gesamten* Berichterstattung über die Neue Mode angeben dürfe, ganz beiseite gelassen, daß diese erfahrenen Spezialisten die Floskel »Noch nicht freigegeben!« um einen Hauch verantwortungsbewußter zu interpretieren gelernt hatten in den Kämpfen unserer Zeit als Dein Bobbi... Ich mußte ihm insgeheim recht geben, wenn auch zähneknirschend, dem Herrn, und will versuchen, das Fehlende nachzutragen, so gut und genau ich es kann, »noch nicht freigegeben«, übrigens immer noch nicht, die Vorder- und Hintergründe dieses Spektakels, bitte, denke daran! –//– Unverzeihlich zum Beispiel, daß ich vergessen habe, Dir den Auftritt des Starmannequins Lilo Anmerkung, 1058 Berlin, Lychener Straße 12, vor Augen zu führen, dieser Busenfreundin von Nivea Persil, deren Anblick allein schon Grund genug gewesen wäre, alles übrige zu vergessen –: Hast Du damals diese gefallene Demimonde noch kennengelernt oder wenigstens, da es womöglich dunkel war, ihren fast sprichwörtlich gewordenen Werbe-Slogan – er steht sogar schon im DORNSEIFF –: »Hak unter, kleiner Klunter!«? Eine Buhldirne, besser: Bajadere, deren häufig wechselnde Stimmungen nach Niveas Urteil in Oranienburg – weshalb Oranienburg? – seit Jahren schon Stadtgespräch sind, mehr noch der häufige Wechsel ihres Menschen- und Heldenbildes bis hin zu den mancherlei riskanten Ausflügen sowohl in das Gestern des Schrebergartenopas und Rentners als auch in das gesetzlich geschützte männliche Morgen, wie es sich im noch minderjährigen Schüler und FDJler darstellt; unerhört vielseitig also die lebenserfahrene Frau, wie für die Aufgaben dieser Stunde und das zukunftsweisend-vergangenheitsorientierte Janusgesicht dieser Modenschau FESTLICHES FÜR DIE WEIBLICHE LANDBEVÖLKERUNG eigens geschaffen... Keine Frage, daß sie geradezu prädestiniert war als Darstellerin im Rahmen des imitierten ländlichen Feuerwehrballs mit Getränkepavillon und Bratwurststand im Kulturhaus der Kooperationsgemeinschaft; für dieses ländliche Fest, pars pro toto, kamen für die obere Körperhälfte *voluminöse schwarze Fuchskappen* zum Vorschlag (Anspielung auf die verbotene Fuchsjagd, atemberaubend kühn!), für die untere Hälfte sogenannte Damenunterwäscheteile mit geometrischem Dessin im BAUHAUS-STIL, fabelhaft saugfähig übrigens im Hinblick auf die zu erwartenden Demonstrationen mit der Löschspritze undsoweiter, *weiterführend* vor allem die Variante ENTBLÄTTERTES KLEEBLATT (wie es hieß: nach – Pfui Deibel! – Paul Klee) für die sich knäuelnden Pärchen im nachmitternächtlichen Grünen nach der Zertrümmerung der Bratwurstbude und dem Ausklang der Feierlichkeiten ... – Doch auch für die Moden im Zusammenhang mit sonntäglicher Bet- und Bastelstunde religiöser Sekte im Hinterzimmer des Industriewaren-KONSUM erwies sich Lilo Anmerkung als bestechend geeignet!, zumal sich die Knacke-Crew für diesen Sektor des bäuerlichen Lebens etwas Besonderes ausgedacht hatte: *Passen, Patten, Riegel und Schlaufen,* außerdem *Blasebalg, – Fledermaus* – oder Schrumpfkopftäschchen, die mitten im Rustikalen den bereits abgehandelten Horror-Look einer anderen Phase bzw. einer anderen Kolonne Wilhelm Sorgenfrey Knackes aufheulen ließen, farblich unterstrichen der aufregende Kontrast durch die Eis- und Aquafarben der Accessoires; ein kaltes Grinsen gleichsam, verglichen mit dem schlichten Grüß Gott der bayrischen Landesfarben Weiß und Blau und Blau und Weiß, in denen die restlichen Teile der Komposition mit den anderen eines Tages auf Ätherwellen hinaus ins Land geschickt werden sollten – »noch nicht freigegeben« im Augenblick!, schade, schade! – Vor allem Gunnar Alltschs Gemüt wurde mit solchen Leistungen einigermaßen entsprochen, weniger jedoch mit den *»unerwarteten Nacktstellen«* (um den bedenkenlosen Jargon der Fachpresse zu zitieren), sprühenden Aperçus der blanken silbrig schimmernden Haut, marginalienhaft gestrafften und zugespitzten oder puddinghaft bebenden Fleischelementen bzw. -batzen, wie aus heiterem Himmel blitzplötzlich dargeboten, da Lilo Anmerkung – durch ein gutes Dutzend von Regisseuren dazu gedrängt – sich tief und tiefer über die Bauernwiege gebeugt hatte – auch in meiner Bildsprache deutet sich das Schockhafte an –, ja, bis zu den Spitzen der Schultern in der Wiege verschwand, obschon dieser »Längsschwinger« – Du erinnerst Dich an die Stelle in meinem vorigen Brief? – bis auf ein angebrochenes Päckchen KARO, eine Schachtel SICHERHEITSZÜNDWAREN aus dem VEB Zündwarenwerk Riesa und ein paar Staubfäden leer war. Das alles sahen wir ausgeführt mit einer komplizierten kurvig-spiraligen Bewegung zu den geilen Kameras hin, einer Spirale, die freilich des Guten genug bot: Zuerst war es nur ein vorwurfsvoller, dann vernichtender Blick in die Menge der unermüdlich Tätigen hinein, als Alltsch (gleich mir) den sogenannten *Rückenschlitz* des Anmerkungschen Bäuerinnengewandes – wieder die Fachpresse!: – *»bis hinein in die Afterkerbe«* reichen sehen mußte (durfte). Wie aber erst, als das seiner Aufgabe blindlings verschworene Mannequin mit nicht geringerer Verve sich auch von vorne und mit einem extrem weiten Blusenausschnitt zu zeigen entschloß, immer noch in gebückter Manier: Horizontale Falten des Unmuts schrumpften Gunnar Alltschs an sich schon arg klein geratene Stirn bis hin zu den ungewöhnlich wackligen Ohren, eine tiefe und steile Vertikalfaltenspalte gab der Physiognomie des Nobelpreisträgers den Rest ... Was Gunnar Alltsch sagte (und zweifellos: er sagte etwas), war nur schwer zu verstehen, bezog sich aber mit Sicherheit auf den ZK-Beschluß der KPdSU »Über die Beseitigung von überflüssigen Zieraten in der Formgestaltung und im Bauwesen«, beschlossen im Jahr 1955 – mein Gott, wie lange ist das schon wieder her!, eine Ewigkeit! Als ob nicht seit unserem XV. Parteitag gerade in dieser Hinsicht einiges wieder *geradegerückt* worden wäre; leider dauert es erfahrungsgemäß seine Zeit, bis derlei Geraderückungen im Fundus des Allgemein-Wissens landen – Folge eines verbreiteten Laisser-faire angesichts der Wahrscheinlichkeit baldiger neuer Kurskorrektur? Da die DEVILS LAKE NEWS, mein lieber »Pferdefuß«, wie üblich das Faktum ihren Lesern vorenthalten haben dürfte, wird es gewiß nicht verkehrt sein, mit einer KURZ-INFO wenigstens *anzureißen*, um was es hier substantiell geht, nämlich um nichts Geringeres, als daß seit jenem Fünfzehnten Parteitag den dafür zuständigen staatlichen Stellen und dem Zentralen Mode-Institut beim ZK der SED gerade das Dekolleté und sein Inhalt zur besonders liebevollen und aufmerksamen Beobachtung immer und immer wieder anempfohlen worden sind und bis heute werden, einer Fürsorge vom genauesten und differenziertesten Zuschnitt, der Vielfalt der Weiten wie *angegossen*, um mich auch einmal salopp auszudrücken! Ein gar so einfach Ding ist es wahrlich nicht mit dem Dekolleté, wie man lange gedacht hat; hier wird spürbar die Sphäre der »Menschenrechte« tangiert ... Nein, das abendliche Dekolleté einer Lilo Anmerkung oder einer Nivea Persil ist weder vorne noch hinten ein Geschenk des Schicksals, sondern, wie Frau Staatsratsvorsitzende tiefgründig eingeschätzt hat, »das runde Ergebnis eines arbeitsreichen Achtstundentags, die köstliche Frucht von Arbeit, Arbeit und noch 'mal Arbeit, Genossen!«; man darf solchen richtungweisenden Worten vielleicht hinzufügen: ähnlich dem oft so flott und leicht hingeschrieben erscheinenden, in Wirklichkeit *qualvoll erkämpften* literarischen Kunstwerk ... (Lilo Anmerkung hatte wild nickend das Weite gesucht.) –//– »Ein kleines Bißchen mehr Achtung gegenüber dem Dekolleté«, wagte ich Gunnar Alltsch zu ermahnen, wurde aber weiterer Belehrung und Rüge enthoben durch das ohne Vorwarnung einsetzende Interview mit den drei Omis aus dem Altersheim GRAUE PANTHER PRENZLAUER BERG, das ich bereits in meinem vorigen Schreiben gestreift habe; in der Tat, eine Menge Papiertaschentücher mag es die gerührten Mannequins und Modeschöpfer gekostet haben, als die schnippische Wortführerin des Terzetts, eine kregle End-Neunzigerin, dem Reporterteam und den Kameras zugeschnalzt hatte: »Merry Christmas allerseits! *Prima Anzieh-Sachen hier*! An Ladendiebstählen wird bei solcher Verkleidung kein Mangel mehr sein!« Weitere *Schnäcke* dieser Machart schlossen sich an, ohne daß die Greisin noch länger ins *Kreuzfeuer* der hartgesottenen Reporter genommen werden mußte, Schnack folgte Schnack folgte Schnack, die zwei Freundinnen der Sprecherin nickten und nickten und nickten – ist es Dir auch schon aufgefallen, daß solche Gertrude-Stein-Wiederholungen, wenn sie sich *erfüllen* sollen, irgendeiner strengen Gesetzmäßigkeit unterliegen, dear Eddy? –, sie nickten dreimal so schnell, da der Wortschwall ihrer Kompatriotin in einem Heiratsangebot kulminierte, das nicht nur mich bis ins Mark erschrecken ließ: »Witwe, *Autorin,* anpassungsfähig und mit viel Herz sucht liebevollen kultivierten Kavalier alter Schule!« – *Autorin,* mein Gott, *Autorin*!, und dann noch eine mit Herz, und außerdem *anpassungsfähig* – so etwas haben wir und kennen wir doch zur Genüge: Nichts wie weg!, erschraken die einen; die anderen aber weinten schon wieder ob der sozusagen naiv-schlauen List, mit der die (möglicherweise syphilitische) Belletristik-Vettel *kostenlos* ihre Eigenwerbung vor Millionen von Augenpaaren geschmuggelt hatte, besser: geschmuggelt zu haben glaubte; ach, Direktübertragungen gibt es schon lange nicht mehr ... Daß auch in den Augenwinkeln von Gunnar Alltsch ein paar zustimmend-milde Tränchen aufblinkten, wird Dich kaum überraschen, er klatschte sogar. Das gleiche häßliche Bild eine Dreiviertelstunde später – die Sensation namens RÜCKENPORTO war soeben über die Bühne gegangen – nach dem mit allzuviel »Servus« und »Arrivederci« gewürzten Abschiedsbesuch des *ganz schön durchgedrehten* Moderators bei den Mitarbeitern und Gästen der Schau sowie seinem von den eigenen Schluchzern mehrmals unterbrochenen hastigen Versuch eines sittlich befriedigenden Schlußworts zu den Kameras hin: »Sie sehen, meine Damen und Herren!, bunte optimistisch klingende Stufenröcke sind die Favoriten des nächsten Sommers ...« Selten habe ich einen Menschen so würdelos klatschen gesehen wie Gunnar Alltsch nach der Bekanntgabe dieses keineswegs für jeden angenehmen Endresultats: Eine geklatschte, eine schadenfrohe Demonstration, wie es schien, die ihm nicht leicht fallen mochte bei der unerträglich gewordenen Hitze. Seine Majestät, der Regenschirmträger des Nobelpreisträgers, um mich auch einmal witzig auszudrücken, war unter diesen Umständen vermutlich recht froh darüber, daß es so äquatornah heiß geworden war in dem Studio-Bumms: Die glitschigen Handflächen machten es Gunnar Alltsch unmöglich, seine (von vielen mißbilligte) Demonstration zu einem überzeugenden Ende zu bringen; die riesigen Schaufelhände rutschten immer wieder aneinander ab und flitzten ins Leere, statt das beabsichtigte *kontinuierliche* Klatschgeräusch zu erzeugen. Der einzige längst, der klatschte bzw. noch zu klatschen versuchte, aufmunterndes Nicken nach hier und nach dort, Drehung des Kopfes nach hinten, dem Kruzifix und einigen Damen zu, die zum Sonderangebot der Zeitschrift SYBILLE gehörten; die kleinste der Damen klatschte noch einmal mitleidig mit, und zwar mit den Zeigefingerspitzen; versuch' das doch 'mal!... Sekunden der höchsten Peinlichkeit für alle Parteien im Studio, inclusive jener, der Alltsch applaudierte, Momente der Verlegenheit, die mich verzweifelt nach oben blicken ließen, zur Decke des Raumes hinauf, so daß ich noch früh genug die Schweißtropfentausendzahl gewahrte, welche länger und länger eiszapfenähnlich herabwuchs und sich gerade anschicken wollte, hineinzuregnen ins Studio, das Maß des bei dieser Modenschau vergossenen Schweißes vollzumachen bis zum TeZett! Im letzten Moment gelang es mir, meinen BUBBLEGUM-Establishment-Regenschirm aufzuspannen über dem Lockenkopf Gunnar Alltschs, und nicht nur, weil es zu meinen mancherlei Pflichten gehörte, sondern geleitet nicht minder von einem unbestimmten Gefühl, jäh aufgeflammt in Hirn oder Seele, das mich den Burschen *eigentlich nicht so schlimm* finden hieß – diese kumpelhafte Ausdrucksweise verrät zur Genüge meine ambivalente Empfindung –: Kamen mir nicht zu allem Überfluß andeutungsweise die Tränen...?, endlich auch mir, da sich alle anderen schon bei anderer Gelegenheit ausgeweint hatten? (Ein neues Zeitalter der Empfindsamkeit und poetisch wertvollen Ohnmachten naht?) Aber laß' mich das, bitte, nicht weiter ausführen jetzt, lieber Freund, mein Stil würde allzu zart-grobianisch werden, wie ich so etwas hasse!, kein Wort also weiter über diesen Verkehrsunfall der Empfindungsmaschinerie, Du wirst mich verstehen! Zum Substantielleren: Auf jeden Fall war die Haartracht Gunnar Alltschs dank der Geschicklichkeit seines Regenschirmträgers die einzige, die bis zum tragischen Ende der Modenschau unbeeinträchtigt blieb und *ihre Fasson hielt* – im Gegensatz selbst zu den unterschiedlichen Haartrachten Lilo Anmerkungs, deren Dresseure sich so große Mühe gegeben!: Einmal war ihr Haar geschickt mit *gemusterten*

Stoffstreifen zusammengedreht – schräggeschnittener Georgette, etwa drei Zentimeter breit – (siehe: Feuerwehrball), ein anderes Mal in zierliche Zöpfchen geflochten und zu *Schaukeln hochgenommen* (siehe: Sektenbetstunde). Gerade als der Regenschirmgriff in meiner Hand zu zerschmelzen begann, wurde endlich zum *Counter-Schlag* ausgeholt, wie er inzwischen von allen jammernd erfleht wurde – zuerst durch die Abhaltung eines eilends improvisierten Bittgottesdienstes unter Zuhilfenahme des gerade wieder einmal vorüberschwingenden sogenannten Pendelpapstes (Warschau würde wohl ein halbes Stündchen noch warten können auf seinen Freund), ein illusionäres Unterfangen angesichts der dominanten Glaubenslosigkeit bei den Mitarbeitern der Haute Couture und ohne greifbares Resultat; sodann mit dem Einsatz der durch ihre rustikal-elitäre Eisbärennummer und ihre eisblumenhaft sich verzweigenden, zum Essayistischen hin tendierenden Lachanfälle bei Katastropheneinsätzen wie dem heutigen eher berüchtigten denn berühmten Meisterdompteuse Renate Schnetzel*,

* *Anmerkung des Herausgebers.* // Ach, nein! Renate Schnetzel, ihr nun auch noch im Briefwerk Bobbi Bergermanns zu begegnen! ... Ich hatte das alles wohl ein wenig verdrängt, und nicht grundlos: Renate Schnetzel und ihre so *eiskalt durchgezogene* Zurückgezogenheit in der an sich schon abweisend-spröden Pankower Binz-Straße, durch welche sie mit undurchsichtigen nebelsträhnenartigen Augengläsern schritt, da rings der Sozialismus, nein, bereits der *entwickelte* Sozialismus aufblühte; die *Greta Garbo vom Prenzlauer Berg,* wie wir sie nannten (obschon sie, wie gesagt, in Pankow beheimatet war), zu maliziösen Lachkrämpfen neigende Meisterdompteuse, nach deren entzückend wie Bienenhonig duftender Peitsche sogar ein klobiger Kohlstrunk wie ich zu tanzen gelernt hatte, ja, sogar das eine oder andere zu apportieren bereit gewesen war, sobald es geknallt hatte, Yeah!, wobei mich in dieser Art bisher niemals erlebte Glücksgefühle und Lustempfindungen durchwogten, ungemein intensive, außergewöhnlich sublime ... (Das alles ist natürlich, ich bitte Sie, nur symbolisch gemeint *irgendwie*!) Ein Gesicht?, eine Eisscherbe?, fragte man sich jedesmal neu, wenn sie sich blitzschnell geschminkt hatte für ihren gnadenlosen Auftritt in der Television oder im geschmackvoll drapierten Privatkreis, intim wie selten einer; oh die Schnetzelsche Methode des bösen Sich-Schminkens, welche die Polar-Blicke in Sekundenschnelle des mildernden lediglich kühlen, partiell auch lauwarmen Umfelds beraubte: Nichts als verharschter Pulverschnee starrte aus diesem Gesicht und durch das

des bis zu diesem Moment nicht grundlos vergessenen *special guest* im Knackeschen ESKIMO-LOOK: ihre im wahrsten Sinne des Wortes *eiskalt durchgezogene* Show – oh diese siebenundzwanzig gigantischen Pulverschneebälle, diese backenbärtigen Bären! – bewirkte sofortigen Temperatursturz, so radikal und so schnell, daß mein Taschen-Thermometer nicht nachkam. Als ich beinahe zu spät den Establishment-Regenschirm zuklappen ließ, klirrten Eiszapfen aus seinen Speichen ... »Schneekönigin«, rief Gunnar Alltsch mit halb gefrorenem Gesichtsausdruck, »Schneekönigin!« wiederholte Gunnar Alltsch mit knackenden Mundfalten, knisternden Augenwinkeln, plärrender Schläfe, und versuchte eine steife Verneigung zu dem special guest hin. Renate Schnetzel antwortete dem repräsentativen Frauenverächter mit einem vernichtenden Blick, der als kalter Blitz weiterzog, da die Dompteuse sich winterlich weggewandt hatte ... Es gelang mir, Gunnar Alltsch zur Flucht zu überreden – ob ich deshalb zu loben bin, entscheide die Nachwelt! Was aus den anderen geworden ist, die zu unentschlossen oder bereits zu müde waren, um das Hasenpanier zu ergreifen, wohl auch vertraglich gebunden die meisten, aus Lilo Anmerkung beispielsweise, kann man nur unwillig ahnen! Ob

Wintergeäst der Wimpern, rätselhaft knarrendes und schnarrendes Eis, knallende Peitsche! Ich zittere (symbolisch, symbolisch!), ich bebe noch heute, wie weit auch Devils Lake von Pankow entfernt ist, da mir der Name Schnetzel so unvermittelt begegnet – ach, weshalb habe ich damals denn eigentlich doch noch die Flucht ergriffen, als mir Renate die Liebkosung mit den zehn Rasierklingen statt ihrer Fußnägel vorschlug?, ach, *ich abgrundtief feiges Rindvieh*! Und mein schlechtes Gewissen ist es wahrscheinlich, das mir diese verewigende Anmerkung einzuflechten gebietet – anzuflechten reicht eigentlich – in Bobbi B. Bergermanns Werk, da es für eine Liebeserklärung oder gar Rückkehr nach Pankow zu spät ist ... zu spät, viel zu spät, Kameraden! Ich habe hier in Devils Lake bei einem Tanzvergnügen die verwitwete Missis Bolte aus ExcelsiorSprings/Missouri kennengelernt und im Verlauf einer längeren ... Aber darüber ein anderes Mal! Eines sollte ich indessen noch hinzufügen dürfen: Bis zum heutigen Tag sind die Frostbeulen an meinem Herzen und in den Fältchen der Vorhaut nicht gänzlich geschwunden – und die Witwe Bolte kann ein Lied davon singen! –, die mir in jener so weit entfernten Zeit geschlagen worden sind; ich werde sie wohl mit ins Grab nehmen auch – (A. E.)

man es doch noch einmal mit drei Rosenkränzen versucht? Ich als alter Atheist stehe in Fällen wie diesem vollkommen machtlos herum. Aber das kennst Du ja von Dir selbst. Wärmste Grüße! Dein Bobbi ... –//– PS.: Übrigens, lieber Eddi, kannst Du wohl mal ganz, ganz rasch in meiner Bude nachsehen gehen, ob ich bei meiner Abreise nicht vergessen habe, die Kühltruhe auszuschalten! Schlüssel bei Czechowski! Mensch, und jetzt fällt es mir wieder ein: Du wohnst ja in Devils Lake und seit Ewigkeiten schon nicht mehr in Prenzlauer Berg! Mist!!!

6

(Nur für Träger von Kopfbedeckungen)

Soweit Bobbi Bergermann! Mit als dem Herausgeber bleibt angesichts solcher erschöpfenden Klassiker von Reisebriefen nur noch wenig zu sagen übrig: Welch Sammelfleiß! Der reinste Kempowski! Hut ab, meine Damen und Herren, Hut ab! – Das gilt auch für Liftboykäppchen, John-Bulls-Zylinder, Tschakos, Generalsdeckel, Nehruschiffchen, Barette des Justizwesens, Jesuiten-Hüte, Kosakenmützen, das Gläschen McLUHANS OLD WHISKEY (falls man es auf dem Haupt trägt), Orchideenblüten, Pfifferlinge, Spinnweben, Butterflöckchen auf Quark! –//– Die Modejournalistin Marietta Riederer in der ZEIT: »Mit Witz schockieren, so heißt das neue Spiel, mit Glanz verblüffen seine Variation ...« –//– PS.: Auch die sogenannte Schiebermütze möchte ich nicht ausgenommen wissen von diesem eingestandenermaßen tetra-diablen Trend, Mijnheer van Steen! – Tetradiabel??? Gewiß! Ich sagte es ja ... (Oder meinen Sie: nicht?)

Klappen- oder Beitext:

Ein Brief vom 16. 10. 83: »Sehr geehrter Herr Adolf Endler, in der NDL las ich Ihre neuen Gedichte. Ich habe bitterlich gelacht. Dafür würde ich Ihnen gern zwei Kaffeetassen schenken. Würden Sie die annehmen? Beste Grüße, Christiane Grosz ...« –//– Die Antwort vom 5. 1. 84: »Werte Kollegin Grosz, nach mehrwöchiger Grübelei über Ihren Brief und das riskante Angebot, mir zwei Tassen aus Ihrer Töpferwerkstatt (?) als Geschenk darzubringen, bleiben leider immer noch einige Fragen offen für einen im rheinisch-katholischen Geist erzogenen Menschen wie mich; der möglicherweise kalkulierte Effekt einer hintergründig-untergründelnden Ausdrucksweise, schlichter gesagt: eines gewissen irritablen und vielschichtigen Zwinkerns, welches mir aus Ihren lieben Zeilen entgegenschlagen will ... Kurzum, verehrte Christiane Grosz, sind denn zwei Tassen einfach nur zwei Tassen, wie man sie in noch munterer Frühstückslaune hier für die rechte, dort für die linke Hand placieren mag? Ich muß es Ihnen nicht sagen: Zwischen der Tasse des Alltags und der Tasse Ihres Angebots tuen sich Welten auf! Dies vorausgesetzt, darf man fest konstatieren: Nein, zwei Tassen sind keineswegs einfach nur zwei Tassen, sondern viel, viel mehr! Das weiß mit Sicherheit jedes bessere Traumbuch; das weiß eigentlich jeder auch nur partiell Wetterfühlige!; vielleicht sogar reicht der sogenannte gesunde Menschenverstand des sogenannten Kleinen Manns von der Straße aus, um das zu kapieren ... Gewiß erspüren Sie es, mein Fräulein, wie bereits solche Introduktion weit hinausgreift über den zunächst gehegten Verdacht, Ihr Brief könnte mitleidig andeuten wollen, daß ein bestimmter DDR-Lyriker der Mittleren Generation »nicht mehr alle Tassen im Schrank hat«, eine Meinung, ob ehrenswert oder nicht, zu der auch manche meiner Widersacher tendiert haben sollen angesichts des NDL-Hefts, auf das Sie freundlicherweise Bezug nehmen: ein inzwischen fast schon legendäres NDL-Heft dank meiner Texte, wie mir versichert wird. (Diese Enthüllung am Rande: Das sogenannte »Geschirr« besteht in meinem speziellen Fall weniger aus solchem Luxus-Inventar wie Tassen, Tellern, Suppenterrinen oder BUMMI-Solidaritätslöffelchen – siehe: BUMMI 12/83! –, sondern vornehmlich aus entleerten Senfgläsern und Fischdosen sowie den von mir selber gehäkelten und ganz, ganz, ganz schlichten Zahnstocherchen!) – Kein Wort mehr über solche von Mißmut ausgezeichnete erste Rezeptionsphase, die einen heute, Monate später, doch recht jämmerlich anmutet, da man dem Wesen Ihres (übrigens bewundernswert beherrschten) brieflichen Temperamentsausbruchs Klafter um Klafter nähergekommen ist und endlich, »Heureka« schreiend, begriffen hat: Es geht im Prinzip um das »Prinzip Hoffnung« schlechthin!, wem man die Frage stellt, was solche »zwei Kaffeetassen« – wichtig, daß es zwei sind! – für ein sublimeres Naturell letztendlich bedeuten müssen, ja, in der Tat, das »Prinzip Hoffnung« ist es, um das es geht! Ziele ich wirklich sehr weit an der Substanz Ihres von vorn so unschuldig wirkenden Präsents vorbei, wenn ich mir erlaube, auf ein (ach, wie reizend verstecktes) unsittliches, u. U. sogar unzüchtiges Angebot zu tippen, ermutigt Sie dazu durch die brutale Offenheit meiner Reim-Wirtschaft: ». . . Gebell, Geschnauf, Zermantsche schier . . .«? Zwei Tassen, aha!; zumindest der im porösen Windschatten des sozusagen zweifingrigen (!) Kölner Domes und im Geltungsbereich des rheinisch-westfälischen Sado-Katholizismus groß gewordene Mensch assoziiert selbstverständlich, wenn er sich selber gegenüber sauber geblieben ist: Zwei Tassen . . .; zwei Tüten . . .; zwei T. . . . . . ! Sprechen Sie das, bitte, ein einziges Mal nur lauthals gegen den derzeitigen Winterwind – und es wird Ihnen augenblicklich ein Licht aufgehen!, nämlich das gleiche Licht, das in mir bereits seit längerem hoffnungsfroh brennt – infolge von Selbstentzündung, meinen die einen; die anderen (zu denen auch ich selber zähle) meinen dagegen . . . Oh, der Schamröte in Ihren Augen, Christiane! »Tassen . . .; Tüten . . .; Tomaten . . .« (Radieschen, Rhabarber?) – Was bleibt mir angesichts solcher Vorgänge denn anderes übrig – weitere Interpretationsversuche darf ich mir vorerst ersparen –, als enthusiastisch zu Ihnen hinüberzurufen: »Jajajaja, ich möchte die Tassen liebend gerne haben, jajajaja, *alle beide*!!!« Um ratzepatze hinzuzufügen: Wann soll ich kommen?, soll ich vielleicht meine Freundin Ritzepitze mitbringen?, und wie gelangt man zum Frettchenweg? (Erlaß es mir, bitte, Crissy, darüber nachzudenken, weshalb Du Dir Deine Wohnstatt ausgerechnet in einer Straße ausgewählt hast, welche – von wem? – nach dem ebenfalls überaus assoziationsträchtigen »Frettchen« getauft worden ist! Ach, was für ein brüchiges Gelände zu jeder Stunde und allüberall, auf dem man uns ausgesetzt hat seinerzeit, Rhabarber, Radieschen, Tomaten und uns.) – Allerherzlichst! Adolf Endler...« –//– In undefinierbarer Erregung eines sogenannten definitiven Bescheids harrend – aber vielleicht ist das Bisherige schon ausreichend als Klappentext?, als Geschmacksprobe?, als Wegweiser ins literarische und außerliterarische Wesen des Autors wie auch des Herausgebers? –, immer noch ungeduldig wartend und wartend, wird mir jählings das zweifelhafte Glück einer plötzlichen Vision zuteil (welche ich nicht unterschlagen will): Was ich mit geschlossenen Augen zu sehen glaube, scheint eine Hand zu sein; nach der Zahl der Finger zu schließen: eine Frauenhand, flügelnd sie über einer kreisenden Töpferscheibe; und zwei Tassen, rauh-henkelige Kaffeetassen, bilden sich, wachsen auf unter dieser feuchten, ein wenig beschmuddelten Hand, ein kleines Wunder recht eigentlich für den Nicht-Fachmann!, zwei herrliche Christiane-Grosz-Tassen – zu welchem Zweck aber werden sie größer und größer und gewinnen Gesicht und Kontur?: Ach, zu keinem anderen, als wütend ergriffen zu werden – über mein Romanwerk NEBBICH ein anderes Mal! – und quer durch die Bude gefeuert von der ekelgeschüttelten Schöpferin, beziehungsweise ihrer schon oben abgehandelten Hand, zwei noch ganz und gar unschuldig blickende, recht bemitleidenswerte, weil wehrlose Tassen, kaum trocken hinter den Henkeln: Klirrpeng! Eine Vision, wie gesagt, infolge extremer Überarbeitung möglicherweise erblüht: Zuerst fliegt die eine Tasse, dieser in recht kurz bemessenem Abstand folgend deren Schwester, die zweite: Pardauzdich! (Am Himmel trübes Gewölk und zeitweiliges Straßenbahngerattere o. ä.; in der Ferne verzweifeltes Pudelgebell...)

Für acht Groschen Hefe

1

»Das Herangehen an die junge Literatur und die Meinungen über sie«, sagt Dr. Ingrid Pawlowitz in den WEIMARER BEITRÄGEN 9/82, »gehen«, hat sie gesagt, »auseinander«; oder geschrieben. – Das Herangehen an die Literatur geht von Tag zu Tag *mehr* auseinander, Madame!

2

Aus dem Geschiebemergel tritt im gleichen Berichtszeitraum mit seiner Händelwurz der teilweise pollengepuderte Ornithologe hervor, welcher in Gabelschwanzraupen und Tropfsteinhöhlen vernarrt zu sein scheint. – Den Redakteuren der WEIMARER BEITRÄGE war das durchaus bekannt!

Es geschah in Berlin

1

Ja, Seesack!, Seesack!, welch ein Ausdruck!, durchfuhr es
noch kürzlich einen am Donnerstagabend
Welcher an mehreren *Worten zum Sonntag* gleichzeitig
arbeiten wollte zur Nacht.

2

Dreier Seesäcke Eigentümer, begriff er, sind selten!,
wie er doch einen stiefeln gesehn hatte jüngst,
Satt geworden wohl schon seines Kleeblatts von Seesäcken
jener stumme Matrose . . .

3

Einen Salzwasser-Drink!, Helene!, sofort!, befahl man
zur Küche hin, ehe man ausstieß:
Aufs Tapet gebracht den Matrosen am folgenden Sonntag!
Schlußsack!, ja, welch ein Seesatz!

Advent am Teutoburger Wald

1

Ja natürlich hatte auch Bielefeld von einem bestimmten Tag an seinen MÄRCHENWALD in der City und den haargenau dazu passenden Schneefall vermutlich vom Hermanns-Denkmal herunter oder Himmel herab
Und ebenso wenig fehlte in ihm neben anderen wohlvertrauten Gesichtern aus den Werken der Brüder Grimm das bleiche Kunststoff-Schneewittchen mit seinem bekannten glasermeisterhaft wie auch poppig blitzenden Glassarg
Mensch janz wie am Alex Kiek ma Schneewittchen stieß man sich gegenseitig adventsmäßig an also eher gerührt denn belustigt und weniger gerührt denn besinnlich gestimmt und nachdenklicher über das alles
Da man zum CLUB INTIM zu schreiten verführt war von lieben Kollegen und Abend für Abend jedes Mal neu geschockt beim Heimweg über den Weihnachtsmarkt *Kiek ma Schneewittchen is ja janich mehr da*

2

Die Suche nach Schneewittchen endete binnen kurzem stets vor dem Schaufenster einer Metzgerei nur zwei Ecken weiter und kaum den zehnten Teil eines Werst vom Märchenwald Frau Holles und ihrer Schwarzen Gesellen entfernt
Eins-A lebendig wirkend dank unentwegt kreisender Lichtpünkteleien der Sarg mit dem Aufkleber BITTE NICHT STÜRZEN und sicher bewacht von vergitterter Schaufensterscheibe und einer Alarmanlage ergrünte Schneewittchen
Abgestellt (eine Vorsichtsmaßregel) zwischen Hausmacherblutwurst westfälischen Schinkenröllchen Schweinshacksen Schmalz auf des Fleischers Verkaufstheke ganz in Reichweite Hackmesser Fleischwolf und Beil
Na jut oder besser Okey Aber alles was recht ist Bei uns

am Alex in Berlin/DDR wäre Schneewittchen wie
jeder Berliner der Hauptstadt bestätigen wird
zweifellos abgestellt worden im GUTEN BUCH
und nicht mitten in Sülze

Das Erlebnis Hermannsdenkmal

Oldsmobile,
Chevrolet,
Pontiac,
Cadillac,
Buick.

– » Salmiakpastillen?« fragte die Friesenfrau, die uns nordostwärts zum Hermannsdenkmal kutschierte.

»Salmiakpastillen«, hieß es scherzhaft retour, »Salmiakpastillen im Cadillac, reimt sich denn das?«

Welch eine Löwin der Landstraßen, Top-Hyäne der Highways, das mußte der Neid ihr schon lassen

(Ob wir das Hermannsdenkmal auch niemals erreichten): Ach, kaum war das Bauernfrühstück halbwegs verdaut,

Wurde das fünfte schon, sechste zu langsame Auto risch von der Fahrbahn gefegt, als wär's Pappe ...

Ihr Tempo beschleunigend, brauste Luise faktenreich weiter: »Das war er, der brandneue *Chev-*

Rolet Citation!« erklärte sie uns, »ein fabelhafter Wagen!«, fauchte die Friesin aus Frankfurt,

»*Sehr* geile Sache das!« (Die Hinweise auf den sparsamen Treibstoffverbrauch empfanden wir freilich als Stilbruch.)

Dann nach dem Fauxpas mit der angefahrenen *Radlerin* schrie irgend etwas in ihren Augen nach Trost ...

– »Affengeil«, so glaubten wir uns in der Landessprache artikulieren zu müssen und taten's.

Luise: »Mein Gott, ein *Ford Granada Topas*! Mensch, daß der uns nur nicht entwischt! *Die* Intensiv-Metallic-Lackierung!«

– »Aus dem Morast«, erwiderten wir, »erblühet der Lotus! so lehrt es der Meister von Poona ... Und das haben wir immer gewußt!«

(Kühe, schwarzweiße Kühe Rudel um Rudel, welche uns die Wendung zum Erhabenen anstreben hießen.)

– »... *Citroën Visa Zwei Spezial*! Doch zuerst der *Topas*! Das wär' dann mein neunzigster Crash ...«

Er war uns entglitten, indem er sich unter die Kühe gemischt, und durch die Wiesen entkommen;

Wupperwärts ... Ein Motor, wie Sie inzwischen bemerkt haben dürften, der wahrhaftig kein Langweiler ist!

Metra Simca Bagheera und *Austin Allegro* kämen eventuell als nächste in Frage!«

Es war um ein Haar nur, daß wir einem bösen Auffahrtunfall entgingen; nur ein hauchdünnes Haar ...

Als Dankesgabe (vielleicht zu minderen Ranges), dem Dämon der Highways gezollt, verlor'n wir paar Schrauben,

Irgendwelche!, beim Passieren der beiden Leichen – viel Knochensplittriges, Hirn als Grütze, Blut, Blut –,

Indes die Friesin, nur 'mal kurz mit den Fingern schnipsend, die *beteiligten* Automarken hervorhob:

»*Lada Niva*, der ›kleine Kraftkerl‹ genannt!«, wies sie liebevoll schmunzelnd auf das Wrack auf dem Grünstreifen hin;

»Aber *der* dort, kennen Sie *den* schon? Das ist das ›Plus-Plus-Auto‹ *Mazda Sechshundertsechsundneunzig*!

Das Verkohlte im Kohlfeld jedoch scheint nichts als der *Fiat Einhundertsechsundzwanzig* gewesen zu sein,

»Auch als ›Tolle Kiste‹ bekannt wohl, naja ...« Wir kauten Salmiakpastillen und schwiegen uns aus.

– Und am Horizont Bielefeld, MEISTERLEINEN VON LEINENMEISTER, dem ich so vieles verdanke:

Sechs von den zwei Dutzend Lichtspieltheatern Porno-Kinos, *ausgesprochene* Porno-Kinos (Hardcore),

Da in der Hälfte der andren, was einen als DDR-Bürger alles so interessiert!,

Unausgesprochen Porno um Porno herunterjodelt, -jammert, -juchzt, -stöhnt in den Zuschauerraum ...

»Du willst wohl schon wieder nach Bielefeld?« (Meine Frau!) Ich war *doch* in den Sex-Shop gegangen

Und hatte das Necessaire mit den fünf so extrem verschiedenen Penissen aus Kunststoff gekauft:

»Billig! Nur siebenunddreißig Mark sechzig die fünf! ... Als Wandschmuck für mein Arbeitszimmer ... okay?«

Doch man wollte zum Hermannsdenkmal, zum Hermannsdenkmal hinauf, und Bielefeld blieb links liegen ... –

Oldsmobile,
Chevrolet,
Pontiac,
Cadillac,
Buick.

– »Übrigens, ich fahre jetzt meinen siebzehnten Wagen! Besser umgekehrt: Der Wagen fährt mich.

Wie soll ich es ausdrücken? Na, so ein Speed-Freak bin ich der ärgeren Art, dem Ding *fast* verfallen!

Ach, FordGranadaTopas«, stöhnte sie, »ach, HondaAccordVierDeErr! CampariWasSonst!

Ach, DatsunCherryEffElf! Trabant! Ach, FiatEinhunderteinunddreißigMirafiori!«

– »Fiat*Super*mirafiori«, erwiderte ich generös, und: »DatsunEinhundertvierzigJott!«

Ich sagte: »DeTomasoPandera«; sagte: »FiatPanda«; ich sagte: »LanciaBetaZweitausend-

ChevroletBlazerCommodoreOverdriveBerlinaToyotaCorollaLiftbackdeLuxe ...«

Zwei Restfinger hier an der Linken – welch sagenhafter Glücksfall für den entschiedenen Rechtshänder doch! –,

Zweieinhalb Stunden später winkten sie abschiednehmend Luisen zu/nach; zerstückt die Blondine,

Wurde sie vorübergetragen von weißbekittelten Männern (und ordentlich auf drei Bahren verteilt);

Der mittlere Klump konnte sprechen und sprach zu uns beiden herauf – oh strubbliger Rotkohl statt Lippen –:

»...llltsssmmmplllschwwwrrrlllpkkkkkBuick ...« – Na, immerhin! Das war schon 'ne Leistung!

– »Seien Sie unbesorgt!«, ließ ich mich tröstend vernehmen; im gleichen Sinn meine unverwundbare Frau:

»Keine Bange, Verehrte«, zischelte Ruth, »›BILD‹ KÄMPFT FÜR SIE!!!« Um gleich darauf mich, den Verf., zu ermahnen:

»It's Sherry-Time, Darling!« – »Stauder-Pils, die ›kleine
Persönlichkeit‹, wär' mir jetzt lieber ...«
(Ich bin Rechtshänder, wie gesagt.)

Pseudo-surrealistisches Fragment

...oh aber des Mutterbutterbrots in der unzulänglichen Stutenmilchsteppe des Südens Monsieur Gladiolenstrauß gleichsam eines verwinkelten Optimismus für das Gros der Befragten Monsieur welcher die Abende in der Stutenmilchsteppe auch für Touristen aus der Deutschen Demokratischen Republik einigermaßen akzeptabel geraten ließ so als wäre es Wurzen...

Bohrende Selbstbefragung

. . . .

Ich rang die Hände, allesamt verschworen
Der Dichtkunst: »'S ist die Welt der Eselsohren!«*
– »Nur Mut! Kein Thema bleibe ungeschoren!!!!!«
– »Kein Thema unserer Zeit bleib' ungeschoren???
Ha, draußen bohren sie schon wieder, bohr'n und bohren**
Und hallt's wie Hagelschlag auf Plaste-Rohren . . .!«
– »Es spielen Kinder, scheint's, mit eisernen Loren!!«
– ». . . beziehungsweise dröhnenden Amphoren!!!«
Ich hob die Hände (gilb wie die der Mohren):
»*Ah Menschenheimat Du!* . . .«
– Gewiß, zwei Toren!
(Und rings die Wunderwelt der Eselsohren.)

* In der Tat!
** Ein Schneeball soeben, welcher knallscharf vorbeiging . . .

HUNDSTAGE: –//– Nackter Kies in grundgespreizter Pupille, kurzzüngig interpretiert – doch wem sage ich das?

Den Hundstagen gedankt*

1. *OHNE VERBITTERUNG ODER DAS WORT DES MEISTERS / MOMENTE AUS EINEM THÜRINGSCHEN GRAND GUIGNOL*

... den Lodenmantel des wendigen Laster-Greises aus Zella-Mehlis im Wiederholungsfall übeltätergerecht und mehrmals in der Woche rasieren; die läufigen Innereien und ähnliche Spezifika dampfwalzen – Dampfbäcker Ziller wird uns gerne zur Hand sein – oder aber sanft nachgedröselt frühzeitig unterminieren, daß alles gut zischt!; Schneiderarbeiten der windigsten Sorte, gewiß, lieber Franz! Aber wir haben es hier nicht mit etwelchem lockeren OsterEi, wir haben es hier mit unserem erregendsten Kunden und Katasterbeamten in Reserve zu tun: Mittel-Thüringens Über-Kanaille!!! Bei der gelegentlichen Begegnung mit der noch nestwarmen Blutnebelfahne des früheren Kapitänleutnants, jetzigen Lodenlustgreises, tippen Sie allein schon aus dieser Erwägung heraus prinzipiell und abwechslungsreich, also mannigfach an die Krempe des ländlichen Steil-Huts, auch »Dallas-Deckel« genannt, oder lüpfen graziös die phiolen-ähnliche mittelständische Mütze; in beiden Fällen rufen Sie – und auch das will geprobt sein! –: GUTEN MORGEN, KALEU ... Der beste Kunde, der verläßlichste breit und weit, lieber Franz! Außerdem könnte man wenig später bereits das dann freilich aufmüpfig murrende, ja mäkelnde Opferlamm sein ... Auch deshalb nicht oft genug: GUTEN MORGEN, KALEU! Ach, in divinatorischer Weise wußten Sie's wohl im vorhinein schon, ehe Sie dem goldenen Boden des Handwerks den Vorzug gaben vor der fichtennadelumwobenen Arbeit in unseren Forsten; kein Vorder- oder Tieflader sind Sie, mein Bester, sondern ein Schnei-

* »Zwei lyrisch-dramatische Prosafragmente«, wie Bobbi »B.« Bergermann dem Titel hinzugefügt hat.

derlehrling fürwahr, welchem ein schwarz geränderter schmucker Gesellenbrief, wie nur billig, ins heute schon fröstelnde künftige Trauerhaus steht; umgekehrt wird in unserer Gemeinde kein Schuh draus ... *Unsere Elle: Kennziffern des Plans 83*! ... Im Tiefsten wußten Sie's immer, wie mir Ihr schneidertechnisch einwandfrei zerschnittenes Lächeln beweist! – Tja, jechligem Lodenmantel schmort ein ganz eigenes verrätseltes Wesen zuinnerst, welches zunächst einmal schubweise Schorf für Schorf und Schote für Schote freigespachtelt sein will, ehe man Nähmaschine oder Kreissäge draufhetzen kann; so auch der legendenträchtige Lustloden unseres wetterwendischen ehemaligen Fahrensmanns, der FURIE – sehen Sie, dort kommt sie gerade mit geblähten Hoden herangesegelt! – von Zella-Mehlis ... Unsere Elle ... –//– *Unsere Elle: Kennziffern des Plans 83*, nicht wahr? –//– Ebendas gilt sich's immer wieder holterdipolter einzuhämmern, und sei's mit dem Scherenknauf, von morgens bis abends, von früh bis spät, von der Stunde des Sonnenaufgangs bis ... –//– ... mein Motto seit Jahren bereits und beinahe schon automatisch, Mister O'Roarke! –//– Meister, wenn ich bitten darf, Meister!, nicht Mister! Die Schnittwunde in meiner Stirn ist nicht echt ... GUTEN MORGEN, KALEU! –//– (Vorhang?; oder was?)

2. *LOCKENDER SÜDEN / AUS DEN »URANIA«-VORTRÄGEN BOBBI BERGERMANNS*

... und sie schmetterte es, da es Zeit wurde für den Morgenausritt, die Gruppe KÜCHENSCHABEN & ABFLUSSVERSTOPFUNG mit ihrem so unverwechselbaren Platzregen-Sound schmetterte mir ins partienweise bereits erwachende Ohr ihren brandneuen Weltklasse-Schlager von jenem Mutterbutterbrot in der unzulänglichen Stutenmilchsteppe des Südens: *»Oh Gladiolenstrauß gleichsam eines verwinkelten Optimismus wenigstens für das Gros der Befragten, Monsieur!«*, wie es zwingend im Text dieses Top-Hits und Ohrwurms aus dem Staatlichen Underground heißt: *»Oh des Mutterbutterbrots in der unzulänglichen Stutenmilchsteppe des Südens, Monsieur, das die Abende in der Stutenmilchsteppe auch für Touristen aus der Deutschen Demokratischen Republik einigermaßen akzeptabel geraten läßt, so als wäre es Wurzen …«* –//– Tapfere Gruppe KÜCHENSCHABEN & ABFLUSSVERSTOPFUNG, welche sich bravourös der Aufgabe (etcetera) zu entledigen wußte – bestechend die Fingernageltechnik der körperlich eher finsteren Vokalistin! –, diesen anspruchsvolleren Pop – sie selber nannten es überaus frühreif: *Chanson-Blues*! – bis weit in die Spitzengruppe der HIT-PARADEN, also ganz nach oben zu schmettern, indessen vom Lagerfeuer und Frühstück herüber – aber das habe ich vielleicht nur geträumt? – ein bestenfalls mittelgroßer diffuser Kollege aus Leipzig ins langsam sich lichtende seinerzeitige Dunkel des Referenten oder auch Epistolators hinüberzurufen den Mut fand: »Ah!, dieses Mutterbutterbrot, pfui, wie das schmeckt!« – *»Die Wanzen der Heimat«*, schmetterte diszipliniert die Gruppe KÜCHENSCHABEN & ABFLUSSVERSTOPFUNG, *»die Wanzen der Heimat in ihm, die Wanzen der Heimat, hieb- und stichfest wie nie, und nachhaltig von der Technik als die mit Abstand stabilsten gepriesen …«*, sangen und sangen die Boys und ihr Girl, bis ich endgültig wach war, neuerlich, doch dieses Mal hellen und aufgeklärten Verstandes dem vornehmen Kehrreim ihres Liedchens gegenübergestellt: *»Oh aber des Mutterbutterbrots in der unzulänglichen Stutenmilchsteppe des Südens, Monsieur!«* And so on … –//– Ihr Referent Bobbi weiß es bis heute: Ein Dezembertag war es, Adventszeit, und witterungsmäßig zu einem plötzlichen Platzregen neigend der sonst so verschlossene Himmel oder auch zweien sogar oder dreien, jedenfalls der Maden-Forscherin Katja Lange als Abwechslung zugedacht der eine wie der andere, Katja Lange in Ulan-Bator; ach, wer in die Gobi geht, kehrt nie mehr zurück! (Will ein Taumel-Schamane uns nahelegen, was uns zu der Frage berechtigen dürfte: *Was solls*?) –//– Bitte, Sie können den Vorhang in Habachtstellung bringen, Herr Nollz …!

Päpste, vorwinterlich

»Fuck the pope / and smoke dope!«
(Westberliner Mauerinschrift.)

Damals beschäftigte mich die Mechanik des Paternosters mehr als es gut sein konnte für einen Junggesellen meines Kalibers Nachts Päpste um Päpste höhern Orts Pendel-Enten Pausenpäpste genannt *Die Geschmäcker sind halt verschieden* Aber irgendein Papst war es eigentlich immer vorwinterlich gilb dann der erste noch schüchterne Schneefall ein Papstbein das aus dem Pornoshop ragt und HELLO BOYS auf uns zu um die Wette mit dem zweiten und dritten ein Purzelpapst wie nach Plan welcher freimütig Salmiakpastillen verheißt und de Sades JULIETTE in der Klünnerschen Eindeutschung ebenso Holzpantinen all die gebetfreudigen Hände auseinandergezählt nach Norden nach Osten und Westen und eine Geheimgedenkmünze nach der anderen unter der päpstlichen Schwungräderzunge gezeugt ZUM GEDENKEN AN DEN VORWINTERLICHEN PAPSTBESUCH IN DER DEUTSCHEN DEMOKRATISCHEN REPUBLIK a) in Oblatenform c) dem schönen Oval des Parteiabzeichens verpflichtet b) dem Zickzack des Blitzes folgend die Gestalt und Gesinnung doch alle ob b) ob a) oder c) in Sekunden zusammenfaltbar Man kriegt sie für ein Geringes falls man leer ausgegangen noch Monate später im Pornoshop in der Scherzartikelabteilung bei HORTEN im BI-Restaurant in der Bielefelder CITY-PASSAGE *Die Geschmäcker sind halt* verschieden die Kontinente rings voll Paternostern und Päderastie (die Lottozahlen von Pfingsten) Am Rande kamen wohl auch noch einerseits Lodenmäntel andererseits rote Strapse zur Geltung Beschwören indessen beschwören kann ich es nicht

Die Mutterbutterbrot-Thesen

/Zehn Thesen, angeschlagen nächtens am KEGLERHEIM (Berlin-PrenzlauerBerg), abgerissen am nächsten Vormittag und in den Sperrmüll-Container geknüllt von *Objektleiter Müller*; ich verlese, da Sie es wünschen, den schon reichlich verwackelten Durchschlag, ich verlese ihn ganz in der Art, zucken Sie also nicht allzu häufig zusammen, wie der Lyriker Peter Gosse sie bei einer Lesung des Autors beobachtet, später beschrieben hat: »... spitze Geste in den kleinen Armen, über ihnen der wirrhaarige Bakuninkopf weit vorn, und aus dem« – aus *dem*! »schnellt die Stimme präzis, in diskantischer Verschärfung.«/

Die erste der Thesen, wenn man es denn schon so nennen will (Erich Arendt), nun ja, die erste der Thesen: Gewiß kann es sich, wo Thesen in Anschlag gebracht werden, nimmermehr um das Mutterbutterbrot der Alltagsmisere, der teigigen und von der niemals endenden *Guirlande der Mahlzeiten* arg bedrängten zentraleuropäischen Alltäglichkeit handeln, dieses letztendlich bei bestem Überwinterungswillen doch mit Zacken der Zähne Zermalmte; sondern, das ist ja klar, um das geistige Mutterbutterbrot, besser noch: die Idee allen Mutterbutterbrots; um Spirituelles geht es, nicht um Rührei und Zimt.
Die zweite These: Dieses hier ist ja auch keineswegs die Endmoränenlandschaft *vor den Toren der Stadt*, wie man sie zuzeiten und in der Regel nach längerem leitungsmäßig undurchsichtigen Hickhack auf verschiedenen Ebenen mit dem realen Mutterbutterbrot in des Wanderers Hand und weiteren sieben im Rucksack, einige davon auch von Griebenschmalz triefend, andere von Johannisbeerkonfitüre, wieder andere mit bravem Käse »belegt«, im Kreise lieber Kolleginnen und Kollegen aus dem LYRIK-AKTIV des Verbandes durchpilgert, manchmal im Schneesturm.
Drei: Nennen wir es also, da das Phänomen hinterfragt

und genügend fest eingegrenzt ist, schlankweg das *singende, klingende Mutterbutterbrot,* nachvollziehbar für alle; nennen wir es – über die folgende vierte These bereits ungeduldig hinwegzielend, und es trifft den Sachverhalt doch wohl ziemlich genau –, nennen wir es, schon etwas anspruchsvoller, das ÜBERMUTTERBUTTERBROT, mit solchem Jahrhundertbegriff neuerlich darauf anspielend, daß das Objekt dieser Thesen nicht im geringsten noch etwas gemein haben kann mit dem im KONSUM erhältlichen Speisemutterbutterbrotrohling und dessen buchstäblich von ihm ab-amputierten einzelnen Scheiben, das ist ja klar!

Aber zurück nun zur vierten These, welche besagen will: Auch der Gedanke an den *Klassischen Baumkuchen* würde mit Sicherheit fehlleiten – Regenbogenwetter übrigens heute: zum zweiten Mal in der Woche bereits! –, selbst wenn man den zweideutig zwinkernden, häufig als stadtbezirksersten belobigten des Konditors und Schrippen-Asses Bederich Schmoll, des sogenannten STASI-Bäckers (Kümmelstraße, Ecke Wacholder), zum Vergleich und als Maßstab herbeizieht, an welchem zum Jokus vor allem unserer jüngeren Menschen der außer Kontrolle geratene Pudel des Meisterbäckers zu gerne sein rätselhaft reichliches Wasser abschlägt.

Weiter (ah, was für Heißhunger wieder auf die noch warmen Makronentörtchen von Mamma Leone!), doch weiter: Das singende, klingende Mutterbutterbrot – unsere fünfte These, die These Numero Fünf, meine Damen und Herren! – ist im Gegensatz zu Obst und Gemüse auf untergründige Weise verfilzt und verschwägert mit dem *Grüppchen so wundersamer Erscheinungen* wie der KADERAKTE oder dem für die hohe Entwicklungsstufe unseres Landes zeugenden und vor allem der Namensforschung so dienlichen HAUSBUCH; mit Phänomenen also, die erst zu dem, was sie heute sind, heranreifen mußten und deren symbolische Ausstrahlung ihren faktischen Wert um ein Vielfaches hinter sich läßt, zumindest im Heute.

Sechstens: Nicht fehlen darf hier ein Wörtlein über das innerste Wesen der sagenumwobenen Erscheinung des Wach- oder GRENZHUNDS und dessen im Einzelfall prämienreif geschliffenes und zu Recht auch vom Ausland beachtetes sogenanntes »altdeutsches Hoden-Verbellen«; Leistungen des *Deutschen Schäferhunds* wohl zumeist (der Bulldogge nie!), den nur der Gemütsrohe sich als Gulasch oder Gehacktes vorzustellen vermag (aber das haut sich ja auch einen Deutschen Oberligafußballerfußball brutal in die Pfanne!). – Das Mutterbutterbrot spinnt seit dem Augenblick seiner Gestaltwerdung zweifelsfrei einen heißen Draht zu dieser Sparte hinüber: Ein herzliches »Weiter-So!« wispert in diesem Zusammenhang und glühend der oben gespannte Draht ...

Über sich selber hinausweisend: ja, das wird es im Grunde wohl sein, durch was uns das Mutterbutterbrot zum Mutterbutterbrotskult animiert; seht, wie es duftige und flirrende Fäden schweifen und greifen läßt ebenfalls zur Wollhandkrabbe hinüber, zum Erlenbruchwald, zur schnattrigen Naschmarktfassade, wenn man es denn schon so nennen will (Erich Arendt), zu Rädertierchen, Apollofalter und Seepapagei, vom Geschiebemergel und seinen Wurzelfüßlern zu schweigen! (Wörter gibt es, genauer betrachtet, recht eigentlich schon eine tüchtige Menge!, vor allem im Deutschen –: Hier gilt es echt dankbar zu sein!) Die siebente These ist das gewesen? Bestimmt schon die siebte?

Achtens: Das Mutterbutterbrot (singend, klingend und – für den Kundigen nicht unerwartet – auch swingend), gleichfalls gibt es sich immer schamloser zu erkennen als das vom Verfasser monatelang gesuchte *missing link* zwischen dem dreischläfrig zugespitzten Doktorhut der Frau Ursula Holle im Prenzlauer Berg (Berlin/DDR) und andererseits dem nach gründlichem Gegeneinander-Abwägen höchst divergenter Geschmacksstandpunkte durch den Herrn und die Dame in Bielefeld (Teutoburger Wald) in Bahnhofsnähe gemeinsam erworbenen frühzeilig geafterten übereitrigen Seesack, von Freunden mehr scherzhaft »Der Bielefelder Seesack« genannt; welch ein Geschmeide aus grenzüberschreitenden Kopflastigkeiten!

Die neunte These, fast druckreif, wie mich bedünkt: Alle Sympathisanten des im Statutenbäckerei-Stadiums befindlichen Mutterbutterbrotkultvereins erkennt man seit vorgestern, achten Sie einmal darauf, an jenem in modrig-

stem Fleischermeisterrot gehaltenen Stirnband (von Punker-Hand formschön zerfitzt); aber bequemer noch oder doch ähnlich bequem an dem *Inneren Leuchten* (ein bierhaft vergorenes Licht), das selbst der unscheinbarste unter uns Brüdern aus sich heraustreten läßt, genauer: segensreich ausstrahlt in den Stadtbezirk Prenzlauer Berg und über dessen Grenzen hinaus in die Menschheit hinein, Zeugnis der leidenschaftlichen geistigen Umarmung mit dem Warmherzig-Schönen an sich, als dessen Inkarnation, Sie wissen es längst!, das Mutterbutterbrot und kein anderes seine Zähne sonnenwärts bleckt.
Zehntens, yes, zehntens: Und, Wei!, all der lilanen Luftballons, wie sie seit längerer Zeit an der Spitze der Publikumsgunst bezüglich Luftballons stehen, um mirnichtsdirnichts wegzufliegen gen Abend über die ratlos geschüttelten Köpfe und genügend zerrütteten Philosopheme hinweg und (den Schreien Erich Arendts gemäß) in Richtung Polynesien und schließlich Borneo, ratlos zerknallend im vergleichsweise sauber gehaltenen Strauchwerk mit der herben *Lyrik der Menschenfresser-Stämme* dahinter, welche dem immer nörgelnden Gast aus recht anderer Welt heiß ans Herz greifen will ...: Kannibalismus ist also ebenfalls drin!!!, und ohne daß solche Akzentverschiebung auch nur das leiseste Geräusch verursachen würde; aber das kann ja noch kommen, das kann ja noch kommen, das – eigentlich wissen es alle hier – kommt; irgendwann kommt's ...
...
–//–

(Oh Dankeschön, von Herzen Dankeschön, meine Dame!, Dank!, Dank!, ob es zuguterletzt der Bestätigung des Rangs meiner Dichtung durch Ihre FünfMarkunddreiunddreißigPfennige auch kaum noch bedarf – mir sind meine Qualitäten rundum bewußt! –; und trotzdem Danke, trotzdem recht herzlichen Dank! Denn FünfMarkunddreiunddreißig sind immerhin FünfMarkunddreiunddreißig; und ein rührender Einfall war es der lieben Leutchen hier, für den Dichter sammeln zu lassen, ach, sollte es nicht Schule machen können in unserem Land bergauf und bergab? ... Danke, Mylady! .. Danke auch Ihnen, Monsieur! ... Oho!

Schweizer Franken! ... Und, bitte, den Sammel-Schandaschenbecher auch durch die hinteren Reihen wandern zu lassen, wo die Sensibelsten sitzen im allgemeinen! Okey?)

–//–

Gut, okey, eine Zugabe, eine Thesen-Zugabe, eine Zugaben-These, nachgereicht einer nervigen zehnten die nadlige elfte, in der Tonlage etwas gezackter, die strikter Zurechtweisung dienen soll und der Richtigstellung von grundlegend Falschem, das ist ja klar! Denn realiter begreifen noch keineswegs alle meiner Kunden, wie es notwendig wäre, das Mutterbutterbrot als recht scharf unterschieden von dieser mit einem Schlag aufgetauchten HOCHHEILIGEN MAGERMILCHSCHNITTE des Kollegen Kurt Mühle, jenes parasitären Liederlichkeitsapostels mit seinem wohlfeilen Hintertürchen von früh bis spät unterm Arm! Dic *Magermilchschnitte* entstammt einem völlig anders verfilzten Problemkreis, Sie Schmierfink!!! – Aber von Elektroinstallateuren ist man ja leider nichts Besseres gewöhnt hier im Kietz! – Desaströs! – Die Schmarolle des Nordens! – Ah, daß man dank Deiner, Du singendes, klingendes Mutterbutterbrot, wieder ein Obdach hat unter den Füßen!

> /Abgekratzt die zehn Thesen, ich sagte es schon – und so wäre es auch der elften ergangen –, von *Objektleiter Müller* (ein Name, den man sich merken wird!) an einem makellos trüben typisch berliner Novembertag (nach der Zeitrechnung Endler:) des Jahres Dreitausendundzehn; Sie erlauben, daß ich meine Stimme inclusive verschärftem Diskant nun wieder in meinen Bakuninkopf zurückschnellen lasse – siehe oben!, siehe Gosse! –, als auch die spitzige Gestik der »kleinen Arme« (!?) in meinem Nuttentäschchen verstaue! Allgemeine Parfümierung, vollkommen schweigsam vollzogen, breite sich aus! *Ein Mal* in meinen Hintern zu vögeln, kostet fünfundsiebzigMarkachtzig! (Es handelt sich immerhin um den Arsch nicht des schlechtesten Dichters des Landes; Mitglied des PEN-Clubs!)/

Gedenken und Mahnung

1

Das Mutterbutterbrot vom letzten Vatertag
Blieb leise liegen Und ein jeder mag
Doch Mutterbutterbrote Schlag für Schlag
In einem Birkenhain nicht weit im Dornenhag
Leis' blieb es liegen wo die Leiche lag
Ein wenig zögernd es und seltsam zag

2

Kommt wer ins Schleudern da ihm Pfändung droht
Ob man uns argen Schimpf sonst nichts entbot
Und räkeln rings sich Sauerei und Zot'
Schon winkt und seis aus tiefstem Elefantenkot
Ein Mutterbutter- Mutterbutterbrot
Nur Leichen achten seiner nicht längst tot

Ein Lexikon-Artikel

Schmarolle (die); das wirklich schnieke, aber halb vergessene und bereits von gärendem Efeu überwucherte Fahrzeug des Südländers hoch im Thüringer Wald, welches auf seinen sieben Rädern ausnahmslos rückwärts zu fahren vermochte (manch einer wird distanziert und möglicherweise lächelnd uns korrigieren wollen: zu schlittern ...) – Besser erinnert man sich übrigens hier und da noch der zeitweise *stehenden Einrichtung* des populären »Schmarollenwettbewerbs«, eckig nachklirrend sie in manchem geflügelten Wort: In der Regel Bezugnahme auf die nicht ganz geheure Kraft und tolle Leistungsfähigkeit des Apparats, eines Nebenprodukts (Reste-Verwertung) der thüringer Kaugummi-Manufakturen, und andere viel beklätschelte und betätschelte Vorzüge der Schm., alle zusammen auf dem Wege zur Qualitätsmarke »Q«; was daran schuld zu sein scheint, daß die Schm. beim sogenannten Schnellstart nur mühselig hochkam, um in der Regel im gleichen Atemzug und verzweiflungsvoll schnaufend wieder zusammenzusacken ... –//– *Schmarolle* (das); in der entwickelten sozialistischen Gegenwart vorzüglich der Oberlausitz, des funkelnden sogenannten »Uhbrr-Landes«, als Name für ein arg locker gefügtes und tödlich wirkendes Backwerk verwendet: ob ginsterfarben, ob ins Tröstliche spielend, wird es zu gerne zur Vorbereitung des tragikomisch geschürzten dramatischen Gipfels so mancher gelungenen Familienfeier gereicht, meistens den wohlhabenderen Familienangehörigen beziehungsweise nörgelndem Gatten; auch in diesem Zusammenhang spricht man häufig von einem »Schnellstart«. –//– Oh, die Oberlausitz, die Oberlausitz!, Herr van Klepperen nickt? Ja, selbst er!

Fundgegenstände

Und von den Hängen kalt die Hauche eines Todes
Der in den Horizont und seine blauen Wasser
Die Bäume niedersenkte Netze schwarzer Zweige
Darin die Blätter ach wie Fische schlugen
O dein Gelächter Genua aus ihm vernahm ich
*Ein Schweigen wie die Gräber in Staglieno**

1

Wer kennt solch Toten?: Etwa fünfzig; die Pupille links
mit Scharte;
Entdeckt in Jagen Siebzehn; Tascheninhalt:
a) ein Kunstgebiß;
Dann b) ein Fahrscheinheft, so aufgeweicht wie
c) die Wanderkarte,
Präzis: UMGEBUNG VON BERLIN Strich NORDEN,
die der Mann zerriss ...

2

Der Bart der Leiche: Schwarz, mit einem Stich ins Rote,
beinah bläulich;
Das Kopfhaar, übrigens Fassonschnitt, an den Schläfen
schwach ergraut;
Die restliche Behaarung ... – ein Kapitel, eher
unerfreulich!
Was noch? Zwei Kautabake d) im Portemonnaie e) un-
gekaut.

3

Wer kennt, auf den Beschreibung zutrifft, und Betrieb
und Namen dessen?
– Zum Xten Male sagen wir den Bürgern, was seit Jahren
Pflicht:
Bei keinem Schritt aus Haus und Wohnung Personalausweis
vergessen!!! –
f): Was Gereimtes noch, betitelt KLEINES
LECKTMICHMAL-GEDICHT!

* Die vorangestellten Verse nach Atanas Daltschew.

ROBERT F. KELLERMANN heißt er! / Mit faulen Salatköpfen schmeißt er! / Ja, schon wieder geklaut ist der Kleister! –// – Ahnen *Sie* vielleicht, weshalb dem Verfasser in diesem Moment das Wörtel *Gelbhalsmaus* einfällt? –//– Unwissende, Ihr!

(Aus *»Naschmarktfassade«; Sinngedicht eines Saturierten.*)

Der Balkon / nach einem Motiv von Atanas Daltschew

Antik, viel Eisen, mehr Gips noch, eben so
Kleinbürgerthrone
(Wie viele, ach, fallen jährlich auf uns, die
Menschheit, herab!);
Doch der, den ich immer meine, der Inbegriff der Balkone,
Ist türlos!, nixdaMann, *türlosig*!, welch ein sinnloses Kap!,
Einst gefeiert als dernier cri mit Toasts und
festlichem Essen,
Dem jetzt jenes Spruchband heraushängt NICHT DAS
TIPPEN VERGESSEN,
Flatterndes Banner Lottoscheinannahmestellenadressen –
Manch einer, der hier wohnt, wähnt ihn längst schon
von Stürmen zerfressen!
Und der ihn so dringlich geschmückt mit
Säule/Kugel/Krug/Zinken?
Mag, falls er noch lebt, dieser Spuk in
Hinterhöfen 'rumstinken,
Türlosig, türlosig!, stets Gehetzter von schrecklichem
Schrei!
– Tssssssssssssss . . .
(Soeben fuhr er samt Chauffeur im neuen MOSKWITSCH
vorbei.)

(Dank Breton)

Nur eins noch ehe wir endgültig abdampfen müssen
Ladendiebinnen werden in der DDR was das immer bedeuten mag mittels Handauflegen absolut keimfrei gerührt
Oh das charakteristische Räderwerks-Raster durch welches die Betreffende automatisch hindurchfällt vom alten Leben ins neue und umgekehrt
Es darf keinen Zweifel an diesem Sachverhalt geben
Ladendiebinnen werden bei uns *ohne Nennung von Gründen* mittels Handauflegen absolut keimfrei aber auch ziemlich reimfrei gerührt
(Kleinere Ladendiebstähle findet man gerne vom Ministerium vorgefertigt in jedem geläufigen Handschuhfach von der mittleren Wagenklasse an aufwärts in der Regel betriebsfertig vor)
Als Kontrastprogramm stehen vielerlei Echos abrufbar hallohallo im sprichwörtlich goldenen Fundus für alle Radsportbegeisterten fast gratis bereit
Ladendiebinnen werden in der DDR höchst unverständlicherweise mittels Handauflegen geradezu hundertprozentig schleimfrei gerührt
Still geworden ist es um ihn den einstmals fast stadtbekannten Curry-Wurst-Züchter Konnopke still um den seinerzeit vielprämierten Bockwurst-Halter Eddi »Pferdefuß« Endler
Es darf keinen Zweifel an dieser Aussage geben
Christoph von Dohnányi und Anja Silja sind nach WELT AM SONNTAG das zugleich erfolgreichste und sympathischste Paar der neudeutschen Opernszene (Ich wieder mal nicht)
Nach WELT AM SONNTAG zieht Anja Silja ihre Beine überlang auf die Couch und läßt das Glück aus ihren Augen strahlen (Ich angeblich wieder mal nicht)
Vater Zille würde sich wundern wenn er es heute sehen könnte sein altes Milljöh

(Anmerkung: Laden*diebe*/männlich dagegen – oi jeh!)

Frau Holle

1

So zu sein wie die Briefträgerin mit ihrem unbelehrbaren Gärtnerinnengeruch ein Satansbraten ein Prachtweib / Und mit dem verschiebbaren Dachziegelbruchstück im Mund als Herzstück falber Prothese das ihr das Posthorn ersetzt / Ja der Kollegin mit der düpierenden Doktorarbeit dem Postmotiv im Deutschen Volkslied gewidmet Frau Ursula Holle / Nach wie vor willens den Hinterhöfen ihr Nahen rechtzeitig anzukündigen durch stimmungsvoll strammes Signal / Ach man muß sie gehört haben wenn sie die Prenzlauer hinauftrararat kommt die Frau mit den Fransenhautlippen / Und man muß sie gesehen haben wenn sie – und es splittert das Dachziegelbruchstück – aus Bauchtiefen zweiteilig lacht / ZettBeh da sie Brief um Brief plötzlich hoch in die Luft schmeißt und für ein Weilchen herumflattern läßt nee Frau Holle / Sodann mit dem läusekammgleich gezähnten Dachziegel wieder herbeiflötet und beglückt sie hineinzwitschern sieht / Briefe der Leidenschaft Ausschlußbescheide diverser Verbände auch gebrauchte Papiertaschentücher / In die Postkastenklappe J-KAEHLER-A-ENDLER . . . Dies alles von hohem postalischem Bewußtsein geprägt

2

Wie kaum anders dann und wann ihr laienkünstlerischer Auftritt bis zum Bauchnabel gilb in HILDEGARDS BIERBAR / Rasch hat Hildchen das Xylophon unterm Tresen hervorgeholt Uschi rascher noch ihr Blasinstrument aus dem Mund / Aus der oberen Zahnreihe zog sies Und flupp juppheidi lostanzt im Nu zum English Waltz der Postbotin Tasche / Klingklirreling von einer Bierpfütze in die andre und im Rundtanz von Hand zu Hand und wieder den Tresen hinauf / Allzu pingelig darf man in seelischer und körperlicher Hinsicht nicht sein in der Reichweite unseres

Duos / Eben noch Kunst und Foxtrott stachelt nunmehr Frau Holle zum Herumgekrakel auf fremden Ansichtspostkarten an / Aber so sind sie die Mittel mit denen es der Briefträgerin seit Jahren gelingt das Viertel bei Laune zu halten / Sie die es selber nicht leicht hat und aufgrund des Einblicks den sie sich allmählich verschafft hat recht gerne von Blausäure träumt / – Herzliche Grüße von *U* einer viel zu breitformatigen viel zu hochgeblasenen doch unterfrankierten Menschheit – / Dann aber scheinbar putzmunter klammert die Lippen sie sich auseinander und zeigt auf ihr Dachziegelbruchstück und lacht / Lacht und lacht und läßt bei jeder Witterung für uns anderen alle deftig ihr Dachziegelbruchstück erklingen

3

Schließlich *eins* wirft den Letzten um ihr Triolenpfiff bei der Ankündigung eines sogenannten *geöffneten* Briefs / Äh Sie wissen Frau Holles sagenhaft sichere Nase für den Filzgeruch fasrigen der ihm vorausbebt / Rausschwebt der Schläue zum Trotz mit der so ein Brief leicht nachgesalzen auf verletzende Art wieder zugefegt ward / Briefschaften denen sie stets nen belustigten übervertraulichen Klaps gibt wie ähnlich deren Empfängern / So einen AprilApril-Hieb daß das Datum um Tage verrutscht und die Briefmarke ängstlich Pipi macht / Und der Absender in seinen Angeln ordentlich schief hängt und der Fußboden ungewachst verwahrlosen möchte / *Bitteschön* sagt Frau Holle in berlinischer Mundart *Alles wieder geradegerückt Alles plongplong* / Wie es sie doch das Ansehen ihres Berufsstandes immer wieder zurechtzurütteln geradezu hinreißt / – Welche ganz nebenher nach Salatpflänzchen riecht wohl auch nach Stangenrhabarber und einem Eins-A-Kompost – / Ja unsere Briefträgerin in all ihrer Ungeheuerlichkeit und mit dem Dachziegelbruchstück im Mund Eine unserer Besten / Leider in festen Händen bereits und seit Jahren verlobt – mit den Ziegeleiarbeitern Gebrüder Grimm ja ganz recht

4

Daß kein Fuß je bei Seite sie rolle
Frau Holle Frau Ursula Holle
Die lebt aus dem Vollen ins Volle
Daß kein Fuß je bei Seite sie rolle
Ach heimwärts ins Land der Trolle
Mit Ihnen Frau Ursula Holle
Ach heimwärts zur Schafschur und Scholle
Ach heimwärts ins Land der Trolle

Wir Jungs von Ypsilon-Acht oder der Lagebesprechungswimpel

»Betrifft: *Benutzen der Wasch- und Trockenräume und das Ein- und Austragen in das Hausbuch* / Es ist bekannt, daß Herr Frischke ins Haus 2 gezogen ist. Der Waschraum- und die Trockenraumschlüssel sind ab heute bei mir abzuholen bzw. abzugeben. Zimmer 56. / Ich arbeite im 4-Schichtsystem in der C-Schicht und bitte deshalb beim Anmelden und Abholen der Schlüssel dieses zu berücksichtigen. Ein Schichtplan zur Einsichtnahme wird ausgehängt. Ich bitte diesen hängenzulassen. Außerdem kann es vorkommen, daß ich in der Freischicht nicht anwesend bin. Dann sind die Schlüssel an die Zimmernummer weiterzugeben, welche im Vermerkkalender angegeben ist. Ich hänge diesen bei längerer Abwesenheit an die Türklinke. / Eintragungen in das Hausbuch haben *bei mir persönlich umgehend zu erfolgen.* Bei Abwesenheit meinerseits, erfolgt eine Nachricht *in meinen Briefkasten.* / Austragungen aus dem Hausbuch erfolgen ebenfalls bei mir. Bei Abwesenheit meinerseits muß zumindest die neue Adresse und der polizeiliche Abmeldetermin bei Herrn Frischke Haus 2 Zimmer 12 hinterlegt werden. // ANWEISUNG: Ab sofort hat das Benutzen der Wasch- und Trockenräume nur mit meiner Zustimmung bzw. Absprache zu erfolgen. Es ist verboten, diese mit Nachschlüsseln zu benutzen. Bei Nichteinhaltung sehe ich mich gezwungen, Anzeige zu erstatten. / Halle-Neustadt, den 17. 7. 1980 / Roland M...«

... eine vollkommen andere Fragestellung liegt aber vor, sobald ein Besucher der Hauptstadt, und diese Fälle wollen sich seit dem letzten Osterfest häufen, ein sogenanntes HAUSBUCH nicht nur mit pflichtgemäß flattrigen Nüstern zu beschnuppern sich heißt, sondern es tatsächlich verspeist!; wie wir Jungs von Ypsilon-Acht es wieder einmal mitansehen mußten vor kaum einer Woche, als ein im besten Mannesalter stehender Prenzlauer-Berg-Freak in rüdestem Tankwartdreß und mit provokant umgebundenem Schlabberlätzchen, der Name tut nichts zur Sache, frei aus dem Stand heraus ein komplettes HAUSBUCH verschlang vor unseren ratlosen, wohl auch traurig verdunkelten Blicken, und zwar mit annähernd stechmückenartiger, besser noch: libellenhafter Geschwindigkeit, ohne auch nur das winzigste Knöchelchen übrigzulassen für Katze, Kanari und Hund!: Was soll man als ein täglich doch mindestens sieben Mal urinierender Mitarbeiter von Ypsilon-Acht dazu sagen? Jachmütig nur in den seltensten Fällen, eher ein wenig versonnen, wie ja weithin bekannt ist, fanden wir wieder einmal den passenden Augenblick gekommen, unseren Lagebesprechungswimpel aufzustellen, auch in stürmischen Zeiten aufrecht dank klobigem Bleifuß, ja, den Lagebesprechungswimpel flattern zu lassen, wie er sämtliche Jungs von Ypsilon-Acht, juppheidi, zu sofortiger Lagebesprechung herbeizurufen bestimmt ist; und sofort fand in einem ausreichend abgesicherten Lagebesprechungswinkel eine unserer Lagebesprechungen statt, umso dringlicher sie, als es bereits der dritte uns bekannt gewordene Fall dieser Art im Berichtszeitraum war ... Staunenswert, buchenswert eigentlich unsere Geduld, unser Sanftmut!; aber irgendwann sieht man dann eben rot: Soll es zum Volkssport ausarten, daß winters wie sommers willkommene, ob auch der *Meldepflicht unterliegende* ehrfürchtig staunende Gäste des PALASTES DER REPUBLIK und des TELECAFÉS das von wachsamen Hausbuchführungs-Ehepaaren vorwurfsvoll dargewiesene HAUSBUCH nicht nur behandeln wie Luft, was relativ häufig geschieht, sondern es ganz im Gegenteil mit überschwenglichen Dankesbezeugungen, ja, gierig an sich reißen und es sodann im wildesten Zeitraffertempo, ehe wer Piep sagen kann, in sich hineinschlingen Seite für Seite und offenkundig nicht ohne Gewinn – wie das krankhafte Lächeln solcher Menschen bezeugt – und schmatzend verzehren?; als wäre es Manna, das HAUSBUCH, als wäre es Mus! Selbstverständlich entschwindet es einer besorgten Öffentlichkeit einschließlich aller in dem betroffenen HAUSBUCH festgehaltenen unterschiedlichen Vor- und Familiennamen, aller Berufsangaben – zum Beispiel *Lyriker, Lyriker-Kandidat, Lyrik-Kritiker,* hin und wieder *Lyrik-Lektor* sogar –, ebenso aller Ausweis- und sonstiger Nummern, Heimatadressen und Fettflecken jener ungleich reiferen Bürger, welche innerhalb der vorgeschriebenen vierundzwanzig Stunden – nein, nicht mehr binnen drei Tagen wie noch im vorigen Jahr – in der angemessenen würdigen Haltung und mit gründlich gewaschenem Fuß ihrer Meldepflicht nachzukommen Lust und Laune gezeigt, kurz, Verantwortungsfreude *in den Kämpfen unserer Zeit*... Ihretwegen allein schon war es geboten – und ohne das übliche philosophische Zögern –, unseren Beratungs- beziehungsweise Lagebesprechungswimpel zu hissen und sich tüchtig zusammenzuraufen bei 'ner Molle un'n Korn (höchstens zwei'n): Sind wir für diese äußer- und innerlich sauber gebliebenen Kolleginnen und Kollegen im wesentlichen nicht hauptsächlich da?, wir Jungs von Ypsilon-Acht und auch Ypsilon-Sieben? Der sogenannte Sinn des Lebens, für unseren Kreis zumindest war er, da er bei derlei Arbeit im Augenblick einleuchten will, noch nie ein Problem!, könnte es allerdings unter Umständen und zur Überraschung so manch eines Kameraden Kämpfer leicht werden, wenn man es verabsäumen würde, regelmäßig und vor allem rechtzeitig die Lagebesprechungs-Frage zu stellen, wenn man mehr als unbedingt nötig dem Affen des Schlendrians Zucker zu geben sich bereit fände heute und hier, wie es – und weder Vollmond noch Neumond herrschten – vor wenigen Monaten 'mal im Gespräch war und einmal sogar zum Tagesordnungspunkt einer eher turnusmäßigen Lagebesprechung zu reüssieren vermochte, hineingeschmuggelt in's Beratungs-Geschehen von einem unserer Besten – als *Verbesserungsvorschlag*!, da soll doch das grüne Schneewittchen dreinfahren! Jachzorn, laß nach! ... Der Fakt wiederholter HAUSBUCHVERTILGUNG und ähnlicher Geschmacksverirrungen hätte den inzwischen unauffindbar Versetzten sicher Mores gelehrt und zu raschestem Handeln bekehrt, pinkepank, pinkepank!: Ach, alle die vielen Namen unserer Aktivisten und sonstigen Besten, zwischen den Zähnen einer einzigen zu nur zweiundfünfzigstündiger Stippvisite in Prenzlauer Berg und am Alexanderplatz fragwürdigst aufgekreuzten Type aus der Blumenstadt Erfurt zermulmt und zermahlen, zermatscht und zermoost!, mittels überreichlich rinnenden unappetitlichen Speichels aufgelöst zu einem undefinierbaren Brei dann, schließlich in Richtung Magen unfein heruntergezutscht, mit anderen Worten: gefressen!; aufgefressen von irgendeinem Herrn WiewardochnochgleichderName und hoffentlich, wie man sarkastisch hinzufügen möchte, halbwegs verdaut – der eleganteste Lösungsweg selbst im Fall einer Nervenkrise gewiß nicht; wäre wenigstens der Begriff des tragischen Irrtums am Platze, doch, leider, auch er scheidet aus ... Der dritte Knallfrosch solchen Kalibers in kaum mehr als vier Wochen!, zum dritten Mal bereits seit Pfingsten solch entwaffnend stichflammenförmiger Ausbruch des HAUSBUCHKANNIBALISMUS, wie die Fach-Wissenschaftler es nennen!, karnevaleske Fratze, herausgestreckt sie der Anmeldepflicht! (»Menschen ..., seid *wachsam*!«; oder, wie es in einer früheren Übersetzung des Fučikschen Rufes gleichlautend heißt: »Menschen ..., seid *wach*!«) Niemand und nichts kann uns hindern – selbst die eigene zunehmend eingedickt-madenmehlige sogenannte *Befindlichkeit* nicht! –, unter solchen schockierenden Umständen unseren Lagebespruchungswimpel zur Geltung zu bringen wie auch den Folgen dann, einer neuerlichen Lagebesprechung, tapfer ins Auge zu sehen; nichts und niemand, am allerwenigsten aber die fadenscheinige Beteuerung eines gewissen recht unberatenen und zweifellos niemals so richtig erwachsen gewordenen, außerdem ideologisch verfummelten Popper-Opas aus Erfurt, in seiner speziellen Angelegenheit wäre die internationale Kunstkritik zuständig, einzig diese, wenn überhaupt wer, nimmermehr aber Ypsilon-Acht!, und die Gesetzblätter läse er aus Prinzip nicht, der Unbeschadetheit seiner optimistischen Weltsicht zuliebe – seltsame Vögel, die dieses Blumendorado Erfurt hervorbringt –; er stünde nicht an, *das Ganze* (welch verdorbene Ausdrucksweise) als vornehmlich *künstlerischen* Vorgang zu deklarieren, nämlich als die typisch Erfurter Variante der sogenannten AKTIONS-KUNST ..., absolut pseudo-theoretische Schnurrpfeifereien, das ist ja klar!, mag deren Erfinder sich auch als Sozialistischen Realisten begreifen, da er die Zähne in das HAUSBUCH, wem gehört es denn eigentlich?, schlägt! Und welch eine Bodenlosigkeit, uns Jungs von Ypsilon-Acht, gerade uns!, den Begriff der BODY-ART in fast schon entwürdigend kalter Manier ins Antlitz zu schleudern sowie eine Reihe angeblich *»wirklich wichtiger* Namen aus der UNDERGROUND-SZENE«, sie wurden natürlich von unserem Fräulein Doktor Wanze notiert, mit denen kein einziger von uns etwas anfangen konnte – wir könnten sie also im Bedarfsfall nicht einmal der Staatlichen Verschweigungs-Anstalt empfehlen und so verdienter Vergessenheit anheimfallen lassen –; das Ganze mit dem ekelhaftesten Restspeichel dieses, mit Verlaub gesagt, Neu-Asozialen vermengt! Selten war der Grund triftiger, wenn es die Aufstellung unseres Lagebesprechungswimpels vorzunehmen hieß oder galt; ach, und doch wie verstohlen zuweilen, der internationalen Kunstkritik wegen eventuell?, wie verhohlen zuweilen gerade in solchen Fällen des Lagebesprechungswimpels kühles Geflatter über unserem und Kurt Mühles Geschnatter!; gipfelnd das Ganze, was die Angelegenheit HAUSBUCHVERTILGUNG betrifft, in dem einzig Richtigen, einer zugespitzten Empfehlung an den Verband, die Verbände: Ob es nicht endlich Zeit wäre für ein klärendes Wort der Verbände und eine verallgemeinerungsfähige Zurückweisung solcher *Fehl-Kunst* durch den Verband!, einer *Blödsinns-* und *Diversantenkunst,* welche sich – Hände schüttelnd nach hier und nach da – fiebrig und rülpsend als das Allerneueste aufspielt; nach dem Urteil des Kunst-Experten von Ypsilon-Acht, eines zweifachen Doktors (!) und Theodor-Körner-Preisträgers (!!), handelt es ich um das Letzte, das *Allerletzte* ... Wollen die Verantwortlichen, ob männlich, ob weiblich, es weiterhin auf die leichte Schulter nehmen, was auf diesem Sektor an staatlicherseits bekanntlich noch lange nicht anerkannten Übergriffen geschieht?, wollen sie immer noch ihre Ohren mit Wachs verstopfen gegenüber sich mehrenden Empörungsschreien aus der Bevölkerung straßauf und straßab?, an der Spitze der Wütigen natürlich das Heer der HAUSBUCH-HALTER und deren engere Familienangehörigen, welche mit Recht um die Macht und ihr persönliches Ansehen fürchten; glaubt man sie wirklich hochmütig für ein Nichts erachten zu dürfen, Volkes Bedürfnisse, Volkes Meinungen, Volkes Zorn? Das kann doch nicht wahr sein!, fast fünfunddreißig Jahre nach der Schöpfung unseres Staates und unserer spezifischen Welt! – Oh, oh!, jenes Lodenmantels, erinnern Sie sich?, des Franz Schmidt, oh, oh!, dieser ohnehin schon zermorschte, zusätzlich von einem vorbildlich einsatzfreudigen Grenzhund im Vorjahr zerrissene Lodenmantel des maßstabgebenden Laien-Jodlers Franz Schmidt, dieser nahezu jovial zerfetzte und übrigens kaum modisch zu nennende Lodenmantel drunten im Tal, welchen die Künstlerverbände zum Anlaß für manche recht unproduktive, eher schädliche Polemik genommen! ... Wo es hingegen um *echte Belange* geht wie in der HAUSBUCHVERTILGUNGSAFFÄRE, zieht man es von unten bis oben vor, betreten in den Toiletten unterzutauchen oder klammheimlich ins Schmirgelpapier zu lachen, beziehungsweise arg schmierig zu schweigen!, Verschmitztheit ist garnix dagegen!: Kein Wunder, wenn bei weniger Eingeweihteren allmählich der Eindruck stillschweigender Duldung entsteht! Aber ewig darf es nicht weitergehen in diesem Stil landauf und landab, ewig wird man sich nicht so einfach darauf verlassen können, daß Ypsilon-Acht mit seinem schon mächtig verdrossenen Fuhr- oder Fahrzeugpark und seinem zumindest partiell bös zerschlissenen Lagebesprechungswimpel *die Chose allein fummeln wird* ... Ausmuddern!, ja, wahrhaftig, AUSMUDDERN!, laute von diesem Moment an – *und wir sagen's nicht zweimal*! die zentrale Parole mit einem schönen altdeutschen Wort, das uns von unserer Hilfskraft Frau Fettkenheuer/Mitte klammheimlich zugespielt wurde. – Gehupft wie gesprungen: Die rechte Freude macht es alles nicht mehr in diesem Dezennium (bitte, Uhrenvergleich!), in solch einer Milchstraße der Zerstrubbelung aller Erscheinungen bis hin zur Chronometer-Verwahrlosung par excellence; ÄRA DER UNPÜNKTLICHKEIT (als solche wird sie in das später zu schreibende Geschichtsbuch eingehen müssen), Ära des unaufhörlichen Zuspät- beziehungsweise Zufrühkommens auch der qualifiziertesten Kader mitunter sogar von unserem Ypsilon-Acht, Ära des augenscheinlich unaufhaltsamen Vormarschs eines weltweiten Dauerschnupfens, der nicht nur den Organismus des Homo sapiens unziemlich quälend befällt, sondern offenbar auch die kleinen wie großen Uhrzeiger aller Systeme erfaßt hat (vorzüglich in den Stadtteilen Mitte und Prenzlauer Berg: Berlin/DDR)! Man sehe sich doch einmal unbefangen auf unseren Öffentlichen sogenannten *Abtritten* oder in unseren Kommunalen sogenannten *Papierkörben* um! Spaß macht es kaum noch, knapper ausgedrückt: Spaß macht es kaum... Eine Situation ist entstanden, die nach der Meinung unseres seit längerem fußkranken Vize Platzöhzack eigentlich bereits die Dauer-Aufstellung des Lagebesprechungswimpels erheischt, eine These, bestechend oder nicht bestechend, welche natürlich die sofortige Aufstellung unseres Lagebesprechungswimpels erheischt, und sei es auch nur zur Überprüfung der stetigen Einsatzbereitschaft unseres Sonderkommandos für nasse Angelegenheiten und ob es auch fürderhin den Ehren-Namen YPSILON-ACHT tragen darf. Das Ergebnis hat bis zu dieser Stunde, *dies* allen Panikmachern ins Stammbuch!, glücklicherweise immer noch gelautet: Wo wir Jungs von Ypsilon-Acht den Lagebesprechungswimpel aufstellen, findet zwangsläufig eine Lagebesprechung statt; freilich muß eingeräumt werden, daß unsere Lagebesprechungen immer häufiger auch der Frage sowohl nach der Zweckmäßigkeit beziehungsweise der Modernisierung des Lagebesprechungswimpels selber sich widmen als auch den zunehmend kritischeren Geschmacksurteilen (HERABWÜRDIGUNG?) betreffs seiner zackigen Form – »Es triumphiere das Sinnvoll-Ovale!«, hört man neuerdings ständig –; schließlich geht es wieder und wieder um die Suche nach günstigeren Lagebesprechungs-*Winkeln*, in denen der Lagebesprechungswimpel möglichst nicht ganz so schlaff hängt wie bei den letzten zwölf Lagebesprechungen, sondern freudig zappelnd wie in älteren Zeiten zu flattern vermag, um uns Jungs von Ypsilon-Acht 'mal wieder so richtig tüchtig Auftrieb zu geben! Denn mit einem gelinden Sich-den-Hinterkopf-Kraulen ist es beim besten Willen nicht mehr getan, wenn ein Kultgegenstand wie das DDR-HAUSBUCH als eine Art Graubrot der Marke MALFA-KRAFFTMA verwandt wird, und nachdem es im gleichen Berichtszeitraum geschehen konnte, daß einer der erfahrensten, wenn nicht gar durchtriebensten Spitzen-Spezialisten von Ypsilon-Acht, der Name tut nichts zur Sache, in Augenblicken unbeherrschtesten Heißhungerdralls nach einer entbehrungsreichen, allzu ausgedehnten Lagebesprechung ihn selber, den Lagebesprechungswimpel höchstselbst mit nikotinbraunem Pferdegebiß zu schnappen verstand und ihn, als handle es sich um eine Lachsschnitte, *ohne Nennung von Gründen*, ebenso *ohne nochmalige Rückfrage* weg- und herunterzukauen die unzweideutigsten Anstalten machte, wie es im Fachjargon heißt! – Ein herzliches Dankeschön samt fünfzig Mark Prämie der oft schon bewunderten Geistesgegenwart von Ypsilon-Acht, welche dem allerletzten noch draußen hängenden irgendwie winkenden Zipfel die rettende Hand reichen durfte; ein Faden eigentlich nur noch, an dem die Rettung des Lagebesprechungswimpels hing, ein maggipilz-dünnes zittriges Fädchen: Daß augenblicklich der Lagebesprechungswimpel aufgestellt, gehißt und flattern gelassen wurde, wird wohl niemanden mehr vom Stuhl reißen, fast wie selbstverständlich erwartet dieser Verlauf der Dinge vom verständigen Bürger mit seiner für unsere Republik charakteristischen gleichmütig-wehen Bedächtigkeit oder bereits wie im Tran ... AUSMUDDERN!, gründlich ausmuddern!, lautete das Resultat am Ende dieser dann doch noch ganz außergewöhnlich beschwingten Lagebesprechung; AUSMUDDERN bis ins Wurzelwerk hinein und ins Grundwasser!, laute die Parole um Nuancen schärfer auch heute, und: Fangen wir, holterdipolter, bei dem Verfasser solchen blechern knisternden Wahngebildes, wie es hier vorliegt, solchen ganz überflüssigen Wechselbalgs von Prosa-Poem WIR JUNGS VON YPSILON-ACHT ODER DER LAGEBESPRECHUNGSWIMPEL zuerst einmal morgen schon mit dem Ausmuddern an! – Kein einziges noch so krummes Halbsemikolon für Verstörnis, Zerschlagenheit, rotze Verulkne hinfort! Kein einziger noch so verhehlter Pendel- und Pinselschlag im Interesse des Niederziehenden und Verkrachten in unserer Gesellschaft, wie es sich leistungsschwach vordrängeln will bei der Nacht! Kein einziger Knalltütenknall für die Verherrlichung des provokatorisch Kränkelnden inmitten all des Gesundgeschriebenen und Starken zwischen Rostock und Suhl, zwischen Görlitz und Magdeburg, zwischen Prenzlauer Berg und Marzahn ..... Die DDR – eine unverrückbare HOCHBURG DES HAUSBUCHS!

Lied des Regiments Latrinell

(Gesungen nachts um drei in der Dunckerstraße 3307a, dritter Hinterhof rechts viereinhalb Treppen:)

1

Wir wir wir ja und wir die Magermilchinfanterie die sich immer weiter ins Hinterland zurückstöpselt einszweidreivier stöpselt und stöpselt sich frei von künstlichen Zusätzen immer weiter zurück ins Hinterland schier die Magermilchinfanterie des Heimatlands Zier liberal elastisch mobil tolerant elegant das Regiment Latrinell wenn es vorbeizischt geschieht das in der Regel recht schnell –//– (Kehrreim:) *Frau H. duscht immer nach den Lottozahlen*

2

Manchmal scheint die Uhr des Lebens stillzustehn Wir stöpseln uns weiter zurück *Manchmal scheint man immer nur im Kreis zu gehn* Wir stöpseln uns weiter zurück *Manchmal ist man wie von Fernweh krank* Wir stöpseln uns weiter zurück *Manchmal sitzt man still auf einer Bank* Wir stöpseln uns weiter zurück mit uns die Sonne mit uns das Glück frei von künstlichen Zusätzen stöpseln wir uns mit Recht davon zu den Müttern –//– (Kehrreim:) *Klingelstreiche sollte man ohne weiteres überhören können Madame*

3

Wir wir wir ja und wir die Magermilchinfanterie die sich immer weiter ins Hinterland zurückstöpselt *sehen Sie hier* stöpselt und stöpselt sich frei von künstlichen Zusätzen immer weiter zurück ins Hinterland schier die Magermilchinfanterie des Heimatlands Zier liberal elastisch mobil tolerant elegant das Regiment Latrinell wenn es vorbeizischt hellen sich die Antlitze auf und gleich wird es hell –//– (Kehrreim:) *Laura liebt sichs am besten*

(Anm.: Die kursiv gedr. Zeilen mit »Manchmal« aus dem Schlagerlied »Über sieben Brücken mußt du gehn« von H. Richter/Leipzig)

Verse echter Dankbarkeit

Eine Magistratsangestellte Mitte der Siebziger zum Autor: »Ich höre: Sie sollen jetzt auch eine Wohnung bekommen ... Ihre Gedichte werden dann hoffentlich anders aussehen!«

Bald fünfzig; und nicht länger nur Gekrächz und
Poescher Rab' ich;
Denn eine Wohnung endlich, eine eig'ne Wohnung hab' ich!
Ein and'rer Kerl scheint man geworden: Vorwärtsstürmend
gab ich
Mein Ehrenwort, daß künftig keinen einz'gen weiter'n
Stab ich
– Auch Staates Sicherheit nie wieder untergrab' ich ... –
Über die Heimatstadt zu brechen wagen will, Frau Zapich!
Ja, durch die Straßen als ein nagelneues Wesen trab' ich;
Mich an der Interessantheit blühender Hauptstadt lachend
lab' ich;
Mit reif'rem Werk lob' unser'n Alex (nicht den Baobab)
ich;
Plumps! war im Eimer meine Lust auf Plowdiw oder
Plön! ...
Ich han min Lehen!, Leute, eine Wohnung, Wohnung
hab' ich!
(Tönt's nicht schon kräftiger, mein Lied, nicht fast
schon wunderschön?)

Die Übungsperücke Ichthiander / Kurzreferat

Mein Thema heute: Die Übungsperücke Ichthiander!, außerdem die guten Erfahrungen, die mit ihr gemacht werden konnten im vergangenen Dreivierteljahr; unser Schlußresultat: Wir schlagen vor, die Perücke endgültig auf den ehrenden Namen Ichthiander zu taufen. / Um zunächst von mir selber zu sprechen, dem dank seiner Serienkopfgröße die außergewöhnliche Ehre zuteil wurde, Ichthiander speziell im Windkanal der alltäglichsten Lebensumstände zu erproben, zum Beispiel an Badestränden, doch auch unter Platzregentraufen: / Ein Meisterwerk wahrlich – mein Urteil steht fest – diese Schockfarbenzweitfrisur, dieser Lockenpudel, wie für die Ewigkeit dem Schädel des Trägers (fachmännisch: Trägerschädel) übereignet mit maximal dreißig künstlerisch aus der Kopfhaut herausgezwirbelten Schlaufen! / Verknötelt dieselben im sogenannten Test-Scheitel-Pudding aus ausschließlich nordischem (mecklenburgischen) Schnitthaar, wie man es ausdrückt; verknöspert (verknauzt) dasselbe mit Tausenden von kleinen und kleinsten Mikroprozessoren (eßbar); *na, ein ganz schöner Haufen* . . . / Ich als Repräsentant der klassischen Serienkopfgröße versichere Sie, daß diese verästelte Konstruktion bei Ausflügen in die Gefilde des Ladendiebstahls sich ebenso phantastisch bewährt hat wie etwa beim Liebesspiel mit seinen zahlreichen Situationen zum Sich-die-Haare-Ausraufen! / Ichthiander!, darf man ausrufen: lebenszugewandt, strapazierfähig, dankbar!, kurzum: das geeignete Vorbild, diese beglückend stabile Perücke, für unsere jungen Menschen; inclusive die Jungen Autoren, wie sie sich oft noch – statt die Heimat zu lieben – am liebsten besaufen. / Sodann: Der Kalorienreichtum der Übungsperücke, welche bei längeren Durststrecken auch als Eiserne Ration ihren Mann zu stehen vermag, ja, geduldig gewrungen, einen gar nicht so üblen Fruchtsaft absondert (Nachfragen zwecklos!, Ichthiander kann man nicht kaufen!) / Indessen, als Schnäuztuch, wie es beobachtet wurde, sollte Ichthiander nun wirklich nicht dienen dürfen, Kolleginnen und Kollegen!, die in der Regel Daumen und Zeigefinger besitzen, um zwischen *diesen* den Rotz, wenn einmal Not am Mann ist, in die Welt 'rauszuschnaufen . . . / Oder?

Erwiderung

»laßt euch nicht durch radetzky- / deutschmeister und kaisermarsch / aug und ohr auswischen ...«
(H. C. Artmann)

Wie stramm, wie kregel doch, ja, knusperhäuschenknusprig
Arsch für Arsch
Im Schwung von Yorkschem, aber auch – tärättätä –
Radetzkymarsch!
Oh Buttersoße, ungeheure! Ruckizucki, oh!, der Ärsche!
Oh unerschöpflich quellender Menschheitsschatz: Ihr
lieben alten Märsche!
Womöglich malte ich das Leben doch um eine Spur zu
harsch?
Gibts nicht zum Abendbrot heut abend beispielsweise
wieder Barsch?
– Ja, freilich gibts zum Abendessen Barsch!
Täderättätättätä!!!

Zwei Zerwürdigungen

I
(NEUES VOM LEISTUNGSSPORT)

> »Tabus? – Wat denn, wat denn! Wenn du det nur allet ümma in unsahn Sinne fafassen duhst!« (Volksmund)

1

Menschenskinder all diese unzweideutigen Winke des Schicksals mit Hilfe von vorgeräderten oder nachgesteinigten Lausitzer Hochgebirgshandmühlen bitte Uhrenvergleich und Löffel für Löffel in goldmedaillenverdächtige Hürdenläufer aus dem engeren Freundeskreis des Verfassers verkeilt (Das hätte Vater Zille sich wohl auch nicht träumen lassen in seinem Milljöh)

2

Hodenverzerrungen zum Beispiel werden jetzt in Bad Sodom oder der nächstgelegenen gomorrologischen Klinik von einem traditionell übermüdeten Spezialpersonal dank solcher zweit- seltener drittentwendeten Knöpfwadenwickler in Sekundenfrist klargekämmt bitte Uhrenvergleich schließlich illegal weiterverstriegelt (Daß Verf nicht deutlicher werden kann das leuchtet wohl jedem hier ein)

3

Bravo Anna und Friedemann Bärlapp aus Bischofswerda den gnadenlosen Züchtern des phantasmagorischen Abstützbeschleunigers wie früher bereits des inzwischen zur Weltspitze zählenden eckenreichen Bürovorsteher-Kampfmantels mit der Schmuckleiste zwischen den Schulterblättern einem spitzen WERWEN Ja Bravo den Bärlapps und den obligatorischen Klatschmohn ins Haus (Klatschmarsch)

4
Dankbare Winke vorüberflügelnder Hürdenläufersegmente bitte Uhrenvergleich die kühnsten im Saharienne-Style verfehlen infolge einer Entwicklung die keiner voraussahnen konnte um es verschlüsselt zu sagen mit absoluter Treffsicherheit noch das schwärzeste Ziel und verdienen es unter dem Strich als Notgroschen abgerechnet zu werden vorzugsweise uns Tiftlern unter den Sonntagsspaziergängern eine willkommene Bereicherung des erlebnisreichen Programms

5
Eingeflogen dieser schlüsselfertige Delikat-Text mit unserem gelblichen Militärhubschrauber X34Strich80Strich30 am zwanzigsten Neunten dem Geburtsdatum Eddi »P« Endlers aus Anlaß des siebenjährigen Jubiläums eines im Wettbewerb SCHÖNER UNSERE STÄDTE UND GEMEINDEN zwischen den Zähnen zu feinem Goldstaub zermahlenen fettaugenreichen Geheimnisverrats (Es meldete der Oberkommandierende Gefreiter André Breton bitte Uhrenvergleich)

II
(KOPFNUSS)

An und für sich die Vorplusterung manchen Herabwürdigungskeimlings oder von hinten aufgezäumt die Zangengeburt vor allem der mittäglich fälligen Seufzer deren Querlagensprung in der hoch und dann zugedrahteten Kehle von ausgeprägter Heruntersudelungssymptomatik einer wohl allzu gezähnten Rauhverkantung im Hinblick zumal auf Fußmatte Lebensversicherung SpiegelEi spricht // In weitem Abstand hierzu verdient last but not least der Erfinder des Klebestreifengangs vom Grenzwerthund ganz zu schweigen nach der neuerlichen Zurückweisung eines prinzipienlosen Danaergeschenks und von eiskalt verlängerter Hand hinausgefädelten Spielballs zur Verunsicherung des einfachen Notgroschens von der Straße an und für sich die frühzeitig schon verspätete Fehldiagnose einer Kopf-nutz in Gold

Romananfang

1

Franz liebte Brathähnchen über alles!, knallheiße Hühnerbrühe zog er bei weitem brodelnder Magermilch vor! – Achtzich!, rief es manchmal; pardauzdich!, in ihm (wie er seinen intimeren Freunden mutig gestand).

2

Von Glacéhandschuhen hat er sich immer sehr bald schon getrennt; Stachelbeeren zogen ihm den Mund zusammen wie manchem anderen auch; Wintertage ebenfalls lehnte er zeitlebens ab, hauptsächlich winters.

3

Achtzich!, pardauzdich!, rief es schon wieder in ihm; nunmehr beginnt, triumphierte es tollkühn, der eigentliche Roman! (Sie können sich denken, wie das endet, beziehungsweise was aus alledem wird . . .)

(Anm.: Gemeint ist der sechste Band SCHICHTENFLOTZ meiner Epopöe NEBBICH; B. B.)

Kiez des Wunderbaren

Und wieder ist einer eingetreten ins LYCHENER ECK, welcher keinerlei Achtung zu zollen für nötig befand gegenüber dem Feuermenschen, gegenüber der sagenhaften Erscheinung des Feuermenschen (Fensterplatz vorn, immer: Fensterplatz vorn), unseres manchmal wie ausgebrannten, dann wieder zauberisch glimmenden beziehungsweise verglosenden, hin und wieder erschreckend lodernden sogenannten »Feuermenschen vom Prenzlauer Berg«; stupide und seiner nicht achtend setzte man sich, als wäre das nichts, als wäre das garnix, und winkte (vorerst erfolglos) dem Kellner ... Oh, wenn er wüßte, dieser in unseren Kiez verschlagene, allzu tölpische Fremdling! Eingetreten abstoßend lebensfrohen, folglich fast menschenverachtenden Schritts, ein dussliger Inlands-Ausländer vermutlich!, ja, ohne den allerwinzigsten Blick für den hypernervösen, lange schon natterähnlich sich räkelnden Nähmaschinenspezialisten und Krypto-Poeten, eingebrochen gleichsam in »Bumkes«, des Feuermenschen, Zauberkreis oder Revier, wird jener vertrackte Besucher in naher Zukunft als ein Gedemütigter diesen Kiez und diese Stampe wieder verlassen; das weiß hier wohl jeder ... –/– Oh, seiner, oh, »Bumke« Bergermanns nicht zu achten!, oder doch wenigstens nicht mit allen verfügbaren Sinnen! Siehe!, und schon geschieht es! Siehe, wie unserem Feuermenschen plötzlich das rotblonde Haupthaar irritabel und steil emporgesträubt steht! Und umgekehrt der feuerrote flammenschwertähnliche Vollbart steil und irritabel nach unten! Ah, wird er neuerlich schokkierende »*sieben* Portionen Soljanka« bestellen wie vorige Woche, wie jüngst? In der Tat, yes, indeed, er erhebt sich der Feuermensch – während jener sich, wie erinnerlich, setzte –, und stellt sich parat, wie es scheint, für eine nicht unerhebliche strikte Bestellung, und in wohlgesetzter, wenn auch flammender Rede bestellt er – und was das bedeutet, das weiß hier wohl jeder – neuerlich *sieben* Portionen Soljanka!!! Gedemütigt wird er, der Fremdling, welcher des Feuermenschen nicht achtet, diese Stätte verlassen, und müde, ja rechtschaffen müde, und bald!; oder, oder? ... »Soljanka ist alle leider!«, hallt vom Tresen herüber der arge Bescheid, »das gilt auch für Bauernfrühstück, Boulette und Borschtsch!« (Noch mal Schwein gehabt, Kumpel!)

Lenes Angebot / Ein Thesen-Dramolett

(Helene Knoll ein schlachtermesser schwingend in hausfraulich schmuddlig-geschmeidiger tracht aus zigarrenqualm und hintergrund resch* auf uns zu) Wa! dieses lachende messer und nelkenfarbenen messers gezwitscher wa! dieses unverbrämt breitmündig lachende messer das man längst nicht mehr aufkochen muß lieber Arthur wa! aus dem schmählich verpufften knödelwanst des hiesigen pferdeschlächters gezogen hier bitte hier bitte hier bitte hier bitte hier bitte sehr geehrte kolleginnen und kollegen wohl nicht erst seit heute nach *echten geschichten* und ein klein wenig abwechslung bei ihrem alltagstrott fragende mahamai hama hamamai yi hama mahamai hama hier bitte hier bitte hier bitte hier bitte hier bitte das in den knallkopp von pferdeschlächter zunächst nur hinein- aber schlußendlich wieder herausgedröselte lachende beutemesser yi hohnlachend aller qual wie sie literarische maßstäbe schenken mögen ob nelken- ob nudelfarben das messer yi messerchen das sich totlachen möchte yi totlachen totlachen auf dem bettelwahnweg zu dir und zu dir bitte hier bitte hier bitte hier bitte hier bitte hier bin stets abfahrtbereit –//– (Arthur Knoll eher lustlos stinkender winkeljurist für fragen des urheberrechts stiekum bei seite) Wie ist sie gewachsen Helene Knoll meine gattin im letzten quartal wir menschen wa! können stark sein wie auch Helenes lieblingsdichter Horst Bastian meint *daß wir menschen* darunter Horst Bastian *stark sein können* das können wir in der tat wa! stark sein wir menschen wo immer nur eine hinkende hand sich bemerkbar macht hinter dem allen –//– (Zu ihren häupten das kreiselgeplärr ihres messers beginnt Helene zu tänzeln zu schweben zu singen) Oh des schlächterleibs erlebt bis zu den kernen mahamai hama hamamai yi hama mahamai hama / oh dies himmelsrund zu voll von kreischenden sternen mahamai hama hamamai yi hama mahamai hama / kreischendes wie es mich lenkt und

* Jawohl, *resch*!, mit »e«, mit »e«!

drängt mahamai hama hamamai yi hama mahamai hama / schwingend wie an unsichtbaren drähten mahamai hama hamamai yi hama mahamai hama / nähmaschinen nähen nähen . . . *nähten* mahamai hama hamamai yi hama mahamai hama / fetzen bettzeugs in den schlund gezwängt mai mai mai mai –//– (Arthur Knoll nie noch gönner des reimgedichtes ein wenig pikiert seine frau unterbrechend) Nu mach maln punkt typisch Lenchen zu dieser tageszeit reime bereits mensch Lene was hast du dir nur wieder gedacht und es ist kaum erst viertelnachsieben –//– (Helene Knoll und das messer gemeinsam) *Nein Arthur nein es ist bereits viertelvoracht* –//– (Der vorhang falle bitteschön wortlos*)

* Eine Leistung in solcher Umgebung.

Der Bückeburger Sonetten-Wettstreit oder Der Pudding der Apokalypse / Fragment

....

Und vergessen war – oh dieses blubbernde Gewatschel des Dings dort oben im Verein mit den Cumuluswolken – die während der Vormittagsstunden gerade erst gemachte Erfahrung mit dem gerade erst konstruierten *Neuen Bückeburger Doppelsonett* plus gesteuertem Satzzeichenschwund! Während die restlichen neunundvierzig Kursanten noch vollkommen ahnungslos weiterhin der schon wochenlang währenden Sonettklopferei und sonstigen literarischen Klöppelwirtschaft oblagen – und droben die wachsende Puddingschwade! –, standen ich und mein engerer Kreis von Egg-Heads längst schon erschüttert und starr... Gänzlich gleichgültig war uns Sechsen/Sieben Bückeburg und die Sonettkunst geworden – höher stieg und höher der Pudding des Unheils am Himmel –, da die anderen immer noch wie verrückt an dem Sonettreißverschluß herumzerrten (praktische kleine Erfindung von Hans Christoph Buch), zugeordnet dem von Werner Dürrson in Vorschlag gebrachten und partienweise recht erfolgreichen *Reißverschlußsonettkranz* mit dem lustigen Paternostereffekt. –//– Außer mir freilich, dem Vertreter der DDR, war wohl nicht einer, um es zu wiederholen, nicht einer, der es von Anfang an zu deuten verstand: dieses hochschwärend Auseinanderschwabbelnde, einem sumpfig zerfließenden Schwurfinger gleich; nein, kein einziger der immerhin siebenundfünfzigköpfigen Teilnehmerschar des Internationalen Bückeburger Sonettenwettstreits (IBS). Erst im Abstand von einer weiteren Dreiviertelstunde gegen den Abend hin kapierte es schließlich der Zweite, dem sich ein Dritter alsbald, sodann ein Vierter der Lyriker anschloß – jedes Mal dieser schrecklich veränderte Gesichtsausdruck!, dieses irritierende pendelähnliche Schwanken! –, endlich ein Fünfter und Sechster... Ah, zur Belanglosigkeit war in Sekundenschnelle zusammengeschrumpft der Fahrplan jener *Dreizehn Unregelmäßig Verkehrenden Sonette* Weserbergland–Bielefeld/Paderborn/Osnabrück und zurück!, ebenso wie mein eigenes KLEINES BÜCKEBURGER KLANGGEDICHTBÜCHEL (volkstümlich, herb, rustikal)! – Niemals zuvor hat es *so* viele Neuerungen auf dem Feld des Sonettierens gegeben in *so* kurzer Zeit wie beim Internationalen Bückeburger Sonettenwettstreit (IBS); die Versäumnisse mehrerer Jahrhunderte, in Bückeburg wurden sie wettgemacht, und in ganz großem Stil ..... Ach, vergessen das alles, vergessen! –//– Vergessen die ewigen Kompetenzrangeleien, vergessen (nach weiteren zweieinhalb Stunden galt es auch für den Letzten) die Kontroverse wegen der eigentlichen Wettbewerbsthemen PROMETHEUS DREIUNDACHTZIG (Gruppe: Einzelsonette) beziehungsweise (Gruppe: Sonettenkränze) DER PUDDING DER APOKALYPSE! – Vergessen die entfesselte Kür und das Hunderterlei neuer Inhalte, mutig hineingeworfen sie ins geräumige Haus des Sonetts!, par exemple: DIE EXZESSE IN DER FRAUENKLINIK im Porno-Kino und unsere kongenial exzessuösen Exaltationen, *Exkremental-Sonette* genannt (ich im frisch gebügelten Matrosenanzug immer dabei)! – Vergessen der düster strahlende Sonetten-Kranz EIN PUDDING DES GRAUENS, eine Gemeinschaftsarbeit der Geheimdienstler unter den Bückeburger Poeten, nach dessen vertraulichem Vortrag die Rolltreppen zwischen den einzelnen Stockwerken und den verschiedenen literarischen Rängen lange nicht stillstehen wollten! – Vergessen unter dem drohenden Pudding auch meine Hodenverzerrung und die streikende Bauchspeicheldrüse, einer zeitgemäßen Sonettkunst eher förderlich sie; vergessen sogar der Sozialistische Realismus (wie man auch ohne Lupe erkennt) ... Ach, all der vielen Sonette, welche jetzt nie aus der Knete herauskommen werden infolge des Puddings zu unseren Häupten!, eine einfache Milchmädchenrechnung fürwahr vorderhand. –//– Inzwischen hatte der Pudding, früh genug für einen Bericht in der TAGESSCHAU oder bereits einen tückischen Kommentar, hatte er mählich erstarrend zwei Drittel des Himmelszelts eingenommen, einem riesigen Kuhflatschen gleich, nicht von der Hand mehr zu weisen, von keinem!, niemandem!, keinem! »Aufsteigend im Niedersinken, sich verfestigend im Zerfließen!

Zweifelsohne – er ist es, der letzte Pudding der Menschheit!«, der Kollege Konjetzky war es, der fröstelnd diese dialektisch anmutenden Worte aussprach, Stichworte für den Kollegen Dürrson: »Und immer wieder dieser Paternoster-Effekt! Daß das nie einer merkt!« Aber die treffendste Formulierung im Hinblick auf unsere verheerende Situation kam aus dem Mund der Kollegin Patacki, spöttelnd wie stets die Befürworterin noch jeglicher nahtlosen Schwärze (sofern diese über sich selber hinauswies): »Wer Pudding sagt – der sagt auch Galaxis!« Siebenundfünfzig, nein, sechsundfünfzig, nein, fünfundfünfzig Dichter, Top-Hyänen der Poesie *allesamt,* sah ich im Abendwind zustimmend tänzeln und nicken; Heidi Patacki lachte unbeherrscht auf ... Dann, weiß man, begann es –

Die Exzesse Bubi Blazezaks im Fokus des Kalten Krieges / Nachgelassenes Romanfragment aus dem Gewürzschränkchen Bobbi Bergermanns

Muß es unbedingt vierundfünfzig, kann es nicht ebenso dreiundfünfzig sein (was dem Autor aus musikalisch-lautlichen Erwägungen viel lieber wäre)? Einundfünfzig auch will sich anbieten – wie nahe dieses Jahr der Jahrhundertmitte! –; und sechsundfünfzig?, *fällt mit Sicherheit flach*! Ein gewisser Senator McCharty oder McCarthy oder Mc Arthur aus Wisconsin ist Präsident der Vereinigten Staaten oder will es wenigstens werden demnächst; ein Typ, aus dem Kurzwarenhandel hervorgegangen wie auch ursprünglich Bubi Blazezak, dennoch *vollkommen erledigt* für den Berlin-Münsteraner trotz dessen berühmter Weitherzigkeit, yes, *vollkommen unten durch* bei Bubi, dieser Joe McKackoderwas, seit man von verschiedenen Seiten hören muß, daß diese *kleinkarierte Knalltüte* wegen irgendeinem blöden Scheißdreck Bertolt Brecht, Bubis guten Bekannten, angeschwärzt, ja, verpfiffen hat – oder nicht? Auf Brecht vom Theater vom Schiffbauerdamm läßt Bubi Blazezak nichts kommen, auf diesen sparsamen Menschen, *grundehrlich* dazu, der sich nicht einmal einen Zylinder oder Zweireiher leistet und um Familienfeiern (Beerdigungen, Hochzeiten, Kindstaufen) vermutlich einen riesigen Bogen zu schlagen gezwungen ist... (Bubi Blazezaks Schlußwort über McCarthy: »Der spinnt ja!, der spinnt! Aber meine Schwägerin vom Arkonaplatz hat ja auch einen Kurzwarenladen; ich sage Dir: So 'was von Verlogenheit gibt es auf der ganzen Welt nicht noch 'mal! Ich kenn mich aus im Kurzwarensektor, mein Lieber, und das aus dem EffEff... Kein Tag, an dem ich nicht dem Herrgott danke, daß ich da 'raus bin!«) Könnte es nicht auch im Sommer fünfundfünfzig sein? Das ist sicher: Der Kalte Krieg *läuft noch auf Hochtouren*; und für Bubi Blazezak wird er im wesentlichen in den Kneipen und Restaurants der Friedrichstraße geführt, abgeblasen alle Viertelstunde, wieder angefacht von irgendwelchen Idioten – und das alles eiskalt!, am faszinierendsten abgewickelt und abgespult im PRESSE-CAFÉ (vis-á-vis Bahnhof Friedrichstraße), dem unaufhörlich zwischen Spannung und Ent-Spannung schwingenden sogenannten PECE, Bubi Blazezak nicht selten mitschwingend, abwechselnd als CIA-Agent verdächtigt oder »red spy«, von einigen als *im Kommen begriffener Bühnendichter* betrachtet, von anderen als *gegangener Rezensent*, gelegentlich auch als Mannweib, Zwitterexistenz, Installateur ...; kurz: Kalter Krieg, cold war! Um zum Kern zu kommen: Jedenfalls sind es die unvergeßlichen Monate, als im TAGESKINO im Bahnhof Friedrichstraße unter der S-Bahn der Kulturfilm AUSTHÜRINGENSWÄLDERN gezeigt wird, dem Naturschwärmer/Tierfreund Bubi Blazezak im WINDEI am Rosenthaler Platz dringlichst empfohlen von einem Greis/Rentner/Schrebergärtner Kurt Vonnegut *senior*!, wie er sich vorstellt – als dankbare Gegengabe nämlich für die Einladung zum gemeinschaftlichen Getränkeverzehr und ein nachdenklich-schönes Gespräch über *Perlhühner und deren Zwerge*: ein selten bewegender Film wäre das und unheimlich lehrreich zugleich, der unter anderem Hirsche enthalte! (Bubi Blazezaks Kunstfreundlichkeit: »Wenn ich länger als drei Tage nicht im Kintopp gewesen bin, dann bin ich kein Mensch mehr! Na, und die ganzen Schallplatten und die Schmöker! ... Man braucht ja andauernd Gesprächsstoff!«) Also nicht einundfünfzig und nicht zweiundfünfzig, Damen und Herren, auch dreiundfünfzig nicht – ganze vierundfünfzig Jahre seit Beginn dieses wunderbaren Jahrhunderts sind es, und zwar die späteren Nachmittagsstunden eines zu Paddel-Partien ermunternden Hochsommertags, Johannes R. Becher ist schon Kulturminister, angekündigt ist bereits für Kunst und Literatur *»... das prinzipiell Neue und der radikale Bruch mit der Tradition des Ministeriell-Administrativen ...«,* freilich, Bubi Blazezak weiß nichts davon, wenn er in der siebenten Reihe der LICHTSPIELE unter der dröhnenden S-Bahn eine Pulle ADLERSHOFER WODKA sich zwischen die Schuhe klemmt, aus der er, der sich bald als ein Reisender fühlt, wenn auch einer *ohne Gepäck*, bei zu aufregenden Sequenzen AUSTHÜRINGENSWÄLDERN hin und wieder unauffällig-blitzschnell etwas in sich hineingießt – z. B. anläßlich einer überraschend aus Hagebuttengesträuch hervorgeschossenen Volkstanzgruppe, die *bis zum Exzess* den bekannten Oberhofer Gewindewalzer ins Bild trägt ... Rasch die schon viel leichter gewordene Literflasche wieder in das Dunkel am Boden versenkt und von den Fußspitzen greiferhaft umklammert und nur nicht umkippen lassen!, was nicht wenig Geschick verlangt von einem Kinobesucher, der selber auch, ganz ähnlich der Flasche, eingeklemmt sitzt: nämlich zwischen den Knien, Ellenbogen, breit lachenden Händen einer Delegation von grünlich eingekleideten Förstern und Forstangestellten aus Zella-Mehlis und Oberhof, die unter den rollenden Rädern der S-Bahn das *Antlitz der Heimat* betrachten und tatsächlich mehrere Hirsche mit hochgedrehtem Geweih aus dem Wald treten sehen – »Hirsche!«, rufen sich die Forstbeamten aus Zella-Mehlis und Oberhof zu und stoßen Bubi Blazezak mit ihren dornigen Kniescheiben und der Eisenspitze ihrer Waldwanderstöcke und erklären ihm: »Hirsche!« –//– Ein Mann, der achtzehn- bis zwanzigmal verstohlen der Leinwand zugeprostet hat und dem Wald, ein Mensch, der über Thüringens Wälder mitreden kann, ein neu gewonnener Freund des sogenannten Grünrocks, ein reicherer Blazezak, ein *gewachsener* Bubi – sie alle betreten nur wenig später leise singend das PRESSE-CAFÉ, den bereits eingeführten beliebten Treffpunkt von Lustseuche einerseits, andererseits Journalismus, das Lokal mit der größten Ausstrahlungskraft und Streuweite in Berlin, ja, das PECE, den »Geheimen Fokus des Kalten Krieges sämtlicher Kontinente« (wie ein kluger Kopf irgendwo/irgendwie 'mal gesagt hat), die allseits geschätzte Brutstätte eines Kosmopolitismus mit patriotisch-persönlicher Note, einen Ort (ohne Tanzfläche leider), wo sich vielerlei Sprachen und Ideologien streifen, kreuzen und mischen, natürlich zuweilen auch mit dem Stuhlbein in der Hand gegenüberstehen, unversöhnlich und *im Grundsätzlichen fest* –: »Hello, boys!«, ruft Bubi mit ungelenker, seinen Worten hinterhergeschleifter Zunge drei amerikanischen Korrespondenten aus dem AMI-SEKTOR zu, über welche mit verzeihendem Lächeln erzählt wird, daß sie sich regelmäßig im PECE auf billigste Tour einszusechs oder -sieben besaufen, außerdem sich gerne von Bubi Blazezak darüber informieren lassen – Bubi, *nachrichtendienstlicher Tätigkeit* fröhnend?, Bubi, ein Informant? –, wie seine *Stimmung* denn gerade so ist oder ob er die WODKA-KITTY 'mal wieder gesehen hat seit dem letzten Krawall ... meistens ist es Bubi trotz seiner optimistischen Grundhaltung, wie allen bekannt ist, *ewig zum Kotzen* zu Mute und graugelblichgrün; wieder drüben in ihren Hotels, depeschieren die drei es *unabhängig* voneinander dringend an die NEW YORK HERALD TRIBUNE, die WASHINGTON POST, den SAN FRANCISCO EXAMINER, ein aufschlußreiches bedrückendes *Stimmungsbild* aus dem Fokus des Kalten Krieges, Durchschläge, bitte, an Melvin J. Lasky vom KONGRESS FÜR KULTURELLE FREIHEIT (Westberlin, London, Paris) – *Kofükufre*: wie die WELTBÜHNE (Nr. 28/52) in vernichtender Weise als Abkürzung vorschlägt, immer dieselben!*, einen weiteren Durchschlag an Walter Lippman vom KOLUMNISTEN-ZENTRAL-OLYMP *(Kozenol),*

* *Anmerkung des Herausgebers.* // Kofükufre – ja, ich erinnere mich noch recht gut an den brilliantinehaft glänzenden Nachkriegs-Spott als eines Hauptmerkmals der wiedergeborenen WELTBÜHNE jener Jahre, wobei das Mittel der sogenannten Abkürzungs-Infamie sicher zu den bevorzugten zählte ... Stammt nicht die Abkürzung »Mifku« (für: Ministerium für Kultur), ob auch nur im Gespräch verwendete, gleichfalls aus dieser Ecke? Heute wird man in dieser Hinsicht wohl um Nuancen vorsichtiger operieren wollen, da der Herabwürdigungsparagraph 220 scheeläugig in den Kulissen lauert und gähnt, möglicherweise durchaus geeignet, auch die »Herabwürdigung per Abkürzung« als Delikt, als »kriminelles Delikt« selbstverständlich, erscheinen zu lassen (zur Not; bei Bedarf) – ein schlichter und biederer Einbruchsdiebstahl wäre unter solchen Umständen beinahe garnichts dagegen, zumal ein solcher die »Empfindungen der werktätigen Bevölkerung« wohl kaum im gleichen Maße verletzen dürfte wie jene! Jedenfalls wird sich heute niemand so rasch dazu hinreißen lassen, zum Beispiel – ein schlechtes Beispiel, ich gebe es zu! – von einem »Staravo« (Staatsratsvorsitzenden) o. ä. zu sprechen; an die Niederschrift solcher perfiden Abkürzung wagt man wahrscheinlich nicht einmal im Traum zu denken zur Zeit. –//– Übrigens hat es der »Kofükufre« wirklich verdient, in dieser Weise abgekanzelt zu werden; der Leser schlage nur einmal Johannes R. Bechers »Tagebuch 1950« auf, und zwar die Seiten vom 23. Juni, wo er

außerdem eine kurze Inhaltsangabe, bitte, ein Aktennotizchen zumindest für den *Senator* (und das ist in den frühen Fünfzigern stets nur der eine, der ›sündige Jupp aus Wisconsin‹) ... »Hello, boys!«, und Bubi Blazezak hält sich für die Dauer einer taumeligen Minute an dem fortwährend ins Ferne rutschenden schön kolorierten Marmortischchen der US-Presse fest – oder ist es das triefende Schnurrbart-, das glitschige Haupthaar dieser von ihren puritanischen Familien längst schon verstoßenen und enterbten *Reporter-Alkoholiker*, an das er sich hängt? –, mit zwölf, mit siebzehn, mit siebenundzwanzig auseinanderstrebenden Fingern: »Hello, boys!«, und gibt aus *nichts als Menschenfreundlichkeit* zu Protokoll, wie ihm an diesem wolkenlosen, vollmondbeschienenen Abend ums Herz ist: »Die Hirsche«, erläutert er, »die Hirsche machen einen doch ziemlich froh ...« – leider nichts Weiterverkäufliches, oder doch?, ein Geheimcode? –, und Bubi Blazezak tänzelt, befriedigt von seiner Leistung, sanft lächelnd weiter und läßt sich nach mancherlei ähnlichen Abenteuern in der Tiefe der Lokalität auf einen recht günstigen Fensterplatz rutschen. (Bubi Blazezaks ideologische Standortbestimmung: »N'FELLOW-TRAVELLER bin ich, weißt Du, was das is'? Das is' 'n *Halbkommunist*! Und genau so fühle ich mich! So ganz blöd sind diese Amis nicht!«) –//– Wenn Bubi Blazezak nach einer circa drei Minuten langen selbstkritisch-strengen Gewissensprüfung – »Weshalb gehe ich mit jeder Pisse sofort an die Weltöffentlichkeit? Das ist ja nicht mehr normal!« – und nach einer hundertprozentigen Denkpause von einer Dreiviertelstunde endlich den Blick hebt, hängt er erfreut einem mittelgroßen, etwas aufgeschwemmten *feinen älteren Herrn* gegenüber, welcher, mit Schere und Kleistergefäß hantierend, mehrere meterhohe Stapel von Tageszeitungen und Kulturzeitschriften vor sich hingepflanzt hat, sechs bis fünf wackelnde Stapel,

auf die Notiz stoßen wird: »Gestern nacht Brand im Klub der Kulturschaffenden. Brandstiftung ist erwiesen, die Spuren führen in die Richtung der Veranstalter des sogenannten ›Kongresses für kulturelle Freiheit‹ ...« – *»Was für 'ne Verhältnisse!«*, pflegte Bobbi »Banane« Bergermann zu gerne den geistreichen Ausspruch seines Freundes Bubi Blazezak zu wiederholen ... (A. »P.« E.)

die sowohl aus der marmornen Tischplatte als auch rechts und links direkt aus dem Fußboden wachsen und hier und da schon Blüten zu treiben beginnen ... – »Störe doch hoffentlich nicht?«, fragt Bubi, »ich bin Cinéast! Wenn ich störe, wechsle ich sofort nach drüben zu Käthe und ihren Stenzen am Personaltisch! ... Hallo, Käthe, Käthe! ... Hast du schon die Hirsche gesehen?« Käthe winkt nickend zurück, wenn auch *ausnehmend kühl,* und weist Bubi Blazezak mit gerunzelter Stirn auf den Auftritt des PECE-Personalchefs hin: »Ruhe! Ruhe!«, hallt die klagende Stimme des Schweißüberströmten ins Rund, »Nationalpreisträger Professor Franz Konwitschny soll sofort ans Dirigentenpult kommen ... Bitte, *sofort* soll Nationalpreisträger Professor Franz Konwitschny die Sauftour abbrechen und ans Dirigentenpult kommen ... *Herr* Nationalpreisträger Professor Franz Konwitschny, die Staatskapelle braucht Sie doch und Ihr Temperament ... ah, der seidige Glanz der Streicher, die sprühende Beweglichkeit des Holzes, ah, und die niemals rohe Kraft des schmetternden Blechs, und ah, und ah ...« Erbarmungswürdiges Schluchzen, ein plötzlicher Griff ans Herz, sensationeller Zusammenbruch mitten im Geschäftsgang, um gleichgültig von vier Köchen mit blitzenden Mützen zum GRILL hinübergetragen zu werden – das alltägliche Schicksal eines Personalchefs vom PRESSE-CAFÉ ... »Ja, ja, Conny Witschni«, wendet Bubi Blazezak sich wieder seinem Gegenüber, dem verschlossenen Zeitschriftengärtner zu, nur wenig eingeschüchtert durch dessen Heckenschere und Harke: »Ja, ja, olle Witschni aus der Linienstraße; das kann Ewigkeiten dauern, bis der sich mal meldet ...« Doch der inzwischen bis an den Haaransatz verklebte Kollege (vom Ausschnittdienst eventuell?) bleibt auch dieses Mal stumm und fährt ungerührt fort, seine Zeitschriften und Zeitungen ab- und zu neuen Stapeln aufzutragen: einige der Blätter und Hefte sortiert er beim Hin und Her, Auf und Ab zufrieden lachend heraus und in einen *überdimensionalen* silbernen Spucknapf, um schließlich, die zweite oder schon dritte Verarbeitungsstufe?, aus den bevorzugten Presseorganen einen einzelnen Absatz, manchmal auch nur einen einzelnen Satz mit einer Sorgfalt herauszuschnibbeln und aufeinander zu schnetzeln, die Bubi Blazezak an beseelt-genaue Liebkosungen denken läßt, seine Spezialität. – »Pressefritze?«, fragt er vorlaut und unbeherrscht, »ich bin Fellow-Traveller! Gegen wen soll's denn dieses Mal gegen?« Der ältere Herr, nicht ohne *Züge von Imposanz*, blickt Bubi kurz an, lacht schließlich kurz auf, beides für Bubis Empfindlichkeit *tief verachtungsvoll.* – »Johannes R. Becher«, zischelt eine ungeschlechtliche Stimme von hinten in Blazezaks klingendes Ohr, »mach' Dich nicht unglücklich, Bubi! Der Minister schneidet sich eine neue Goethe-Schillerrede zurecht! Halt endlich den Rand, Blazezak!« Grübelnd blickt Bubi den Mann mit der schnatternden Schere von oben bis unten an: Irgendwer muß ihm gegenüber den Namen schon einmal erwähnt haben – Bertolt Brecht? Aber so ist es schon immer in Mitte und Prenzlauer Berg: Jeder kennt jeden *um drei Ecken herum*, und keinen kennt man genau! Da kann man *ganz schöne* Überraschungen erleben – wie neulich mit Fiete, der einem Tag für Tag die Milch verkauft hat, bis er verhaftet wurde wegen neunfachen Gattenmordes, das Tier! Brunnenstraße .... naja! *Neugierig von Natur*, versucht Bubi Blazezak erneut den Schnibbler zur Gegenrede herauszufordern: »Stellen Sie sich die Mauer des undurchsichtigen Waldrands vor, und dann die Hirsche, die sich majestätisch vor ihm aufstellen wollen ...« – Und wieder Gezischel von hinten, wie aus dem Hinterkopf Bubis: »Mensch, det is doch der jrößte DeutscheDichter der janzen ersten Jahrhunderthälfte! Mann, Blazezak, dafür bist Du 'ne Nummer zu klein! Schieß in'n Wind!« Angriffslustig wendet Bubi Blazezak, oh wie langsam! und oh wie gefährlich!, sich um. Doch nichts außer einem Kleiderständer, kahl und unbenutzt, unbelaubt, steht hinter ihm und streckt seine Haken, nach Mützen und Sommermäntel züngelnd, trostlos ins Leben, und, wenn man an ihm vorbei in die Ferne blickt, die undurchdringliche Mauer des Deutschen Waldes, die wankende Woge und wackelnde Wand mit den zahlreichen Blättern und Blättchen des Demokratischen Sektors von Groß-Berlin, die flattern und rascheln und sirren, »Neues Deutschland«, »Tägliche Rundschau«, »Berliner«, die Organe der Blockparteien und Hunderte,

Hunderte anderer Presseprodukte, zischelnd und säuselnd und summend, die rauschenden Kronen des Thüringer Mischwalds; und schwirrende Dialoge zwischen verschieden gerichteten Winden träufen durchs irisierende Grün, ernst-ernste Gespräche, durch die plötzliche Stille des riesigen Waldes betont und seltsam verzerrt –: Bubi Blazezak kippt verwirrt seinen DOPPELTEN SPEZI, saugt in einem Zug seine Flasche PILS leer – im PECE gibt es Bier nur in Flaschen –, beides vom eingeweihten Ober stumm vor dem Stammgast placiert, und bestellt mit schnalzenden Fingern *völlig versehentlich* und gegen eigenen Willen und eigentliche Absicht ein Neues: »Nochmaldasselbe, Kurt!« – Und woher dieser maßlos-matschige Mückenschwarm so *ur-plötzlich*, abwechselnd über dem blökenden Bierschaum der blazezakschen Molle kreiselnd und der feucht-nassen Halbglatze des in Selbstgespräche verwickelten Mannes gegenüber, einmal hier in Betrieb, einmal dort dieser Mücken-Brummkreisel – und ganz so, als setzte eine rätselvolle, *zusätzlich* unsichtbare Hand den Mückenschwarm einmal dort-, einmal hierhin ... »Die sind ja besoffen!« Jetzt aber sind es nicht weniger plötzlich Hunderte rastloser Raupen, welche vor Bubis altweibersommerumsponnenen Blicken auf dem gleich saurer Sahne zerfließenden Marmor des Tischchens einherparadieren und sich mit ihren kaum vernehmbaren lispelnden Stimmchen fälschlich und niederträchtig als »Radieschen« bezeichnen; etcetera: Ameisenstaaten (Vertreterinnen der roh kaum genießbaren Roten Waldameise vor allem), Bakterienkulturen, schließlich von Maden wimmelnde Milchstraßen blühen unter den gleichermaßen ratlos wie gesittet gefalteten Händen unseres Helden krankhaft hoffnungsfroh auf und gehen mitleiderregend wieder zugrunde ... – »Oh Untergang des Abendlandes«, philosophiert der *nun doch ein wenig nachdenklich* gewordene Bubi Blazezak seinem Gegenüber mitten ins müde Gesicht, »was tut sich in meiner Birne? Was ist nur mit Pappa los, Mister O'Hara?« – Das wäre besser unausgesprochen geblieben; denn – ohne den leisesten Hauch auch nur des geringsten Verdachts – hat Bubi das Stichwort gegeben, auf das ein Johannes R. Becher *im Augenblick* reagiert. – »So dürfen Sie nicht reden«, sagt Johannes R. Becher, »werden Sie erst einmal so alt wie ich und Brillenträger! Darf ich Ihnen mein neues Gedicht vorlesen?« Und ohne eine Antwort abzuwarten, zieht er das bereits eingetrocknete Manuskriptchen aus seiner inneren Jackentasche, der über dem Herzen, nennt den Titel (»Das Altersgedicht«) und rezitiert:

»Das Altersgedicht
Unterscheidet sich
Von den Gedichten
Meiner Jugend –
Die der Trauer gewidmet waren und dem Sterben,
Der Verzweiflung, der Trunkenheit –,
Von den Gedichten meiner Jugend
Unterscheidet sich
Das Altersgedicht
Dadurch,
Daß es der Jugend gewidmet ist,
Ihrer Kraft, ihrem Leuchten,
Ihrem *strebenden Bemühen*
Um den Frieden,
Um das Neue.«

(Und ein winziger Regenbogen über Bubi Blazezaks noch halbvollem wankenden Bierglas ...) »Auf ein Neues!«, hat Bubi mitgeschunkelt und mitgesummt: »Jaja, wer immer strebend sich bemüht! Sie wollen meine ehrliche Meinung hören, Herr .....?« – »Becher! Ich bin für jede kritische Meinung dankbar, wenn sie nur Hand und Fuß hat! Für eine direkt aus dem Volk jedoch in besonderem Maß!« Bubi Blazezak, von der Entschiedenheit des Dichters beeindruckt und dem bescheidenen Ernst seiner Aufforderung in die Enge getrieben, fühlt sich indessen *plötzlich wie ganz woanders* und zögert, ehe er endlich spricht: *»Man müßte vielleicht häufiger Gedichte hören,* und nicht nur hören, sondern vielleicht auch lesen! DADURCH«, versucht er sich zu entschuldigen und betont das auch von Johannes R. Becher ausdrucksvoll hervorgehobene Wort aus dem Feuerwehrdeutsch, *»dadurch,* daß ich hauptsächlich Landschaftsbücher lese ...« – »Es ist ein Epigramm«, wird Bubi von Becher unterbrochen, »das hat *neunzehnhundertfünfundsechzig* Professor Dietze/Leipzig eindeutig festgestellt und die bescheidenen Verse für seine DEUTSCHEN EPIGRAMME bestimmt! Derlei Besonderheit muß natürlich auch von Volkes Kritik, wenn sie ernst genommen werden will, berücksichtigt werden...« Aber Bubi Blazezak hört nur noch mit halbem Ohr hin: Was spürt er plötzlich ein Jucken zwischen den linken Zehen des rechten Fußes, so ein zapplig' Gezuck'! *Neugierig von Natur,* lugt er blinzelnd nach unten und muß verwundert erleben, daß aus dem Hosensaum rechts ein Fuß (samt Halbschuh) herausragt, welcher, auf die zwei brünetten Damen am Nachbartisch zielend, ungleich länger, breiter und dicker sich darstellt (herausstellt) als sonst, ein Fuß, der außerdem ständig weiterzuwachsen scheint, Wurzel über dem Weg, nur noch zwei bis drei Tage, und er wird hinübergewachsen sein zu dem rundlichen Damenknie, fetttriefend, drüben am Nebentisch, vielleicht an ihm festgewachsen, das froschähnlich-einladend glotzt, und dann zur Empörung aller den *Durchgang versperren*... »Man soll mich hier nicht verkackeiern!«, äußert Bubi Blazezak drohend und weithin vernehmbar. Die Antwort eines (mit Bubi Blazezak *seit Wochen* verstrittenen) Kellners über sechs Tische hinweg: »Üben Sie Disziplin, Mann!«, ein Befehl, der Bubis Fuß von einem Augenblick zum anderen wieder klein werden läßt wie ein jählings irritiertes männliches Glied – »*Dieser* Saloon ist ein *sauberer* Saloon, is det klar?« –, kleiner und kleiner wird er, und es ist noch nicht einmal Winter!, winzig wie Bubis kleiner Finger, zwergenhaft wie ein Taubenei, unscheinbar wie ein zerlutschter Sahnebonbon... »Man soll mich hier nicht verkackeiern!« Bubi wiederholt es lauter noch und schießt warnende Blicke nach allen Seiten, von denen einer Käthe, ein anderer die AMI-Reporter, ein dritter die Dame am Nachbartisch streift. – Und Johannes R. Becher steckt sein Gedicht *geschockt* wieder ein, erhebt sich mit einer abwehrenden Verbeugung zu dem zornigen Bubi Blazezak hin, läßt durch eine eifrig speichelnde Kellnerbrigade Zeitschriften, Zeitungen, Schere, Kleister und Pudelmütze an die Drehtür befördern, zuletzt die unverwendeten Zeitungsschnitzel *als Naturfreund* an ein Eichhörnchen verfüttern, das sich unter den Tischen des PECE herumtreibt, zutraulich dieses genug geworden, die Papierfetzen anzunehmen, die durch Bechers Hand gegangen sind und jetzt Makulatur. Bubi Blazezak gibt indessen, *immer noch durcheinander*, eine dritte Bestellung zu Protokoll: »Ein Großes Pils Und Ein Doppeltes Epigramm!« – »Sehr wohl! Mit oder ohne?« – »Lieber ohne«, entscheidet sich abwesend Bubi Blazezak, in das Schauspiel vertieft, wie Käthe, seine Uralt-Freundin Käthe beim Abgang des Dichters aufspringt und zu seinen Ehren ein Neues Deutsches Volkslied anstimmt: »Auf / Der Haite bliht ein tleines Blihmelein / Wummbumm / Unn taß haiß / Wummbumm / Äh- / Rikka / Wummbumm!« Johannes R. Becher *verhält* erschüttert den Schritt und bemüht sich um einige freundliche Worte: *»Das Liedchen ›Erika‹ (wenn auch in schlimmen Zeiten zu schlechten Taten gesungen) scheint mir wohlgelungen zu sein, und die verschiedenen Diminutive sind gerade durch ihre Häufung eher Karikaturen von Gefühlskitsch als Gefühlskitsch selbst. Keiner nimmt die ›leins‹, Kämmerlein, Blümelein, Mägdelein ernst, und doch rührt die Weise an unser Herz und läßt es mitsingen.«* – »Wummbumm!«, freut sich Käthe. »Laß doch jut sein, Katinka!, blöde Spritnudel du!«, will Bubi Blazezak flüstern, sackt jedoch statt dessen blubbernd in sich zusammen u. ä. . . . . . –//– »Frei?«, wird Bubi zu seiner Erleichterung in diesem Augenblick von einem Ausländer angeherrscht: im Hinblick nämlich auf die zwei leeren Stühle an seinem Tisch. – »Frei! Frei! Frei!«, erwidert Bubi und deutet eine einladend elegante Kurvenbewegung der Rechten an, welche dem Vereinsamten zwei ganz ungewöhnliche Gäste beschert, wie sie sogar das PECE nicht an jedem Tag sieht: einen spindeldürren, kickrig hinkenden, von Blatternarben gezeichneten Mönch und eine pummlige und appetitliche Nonne mit rosigen Gesichtszügen, welche beim Sichniedersetzen verräterisch knackt (Drei Fragezeichen des Herausgebers: ???) . . . – Sie sind gerade noch einem mittelgroßen, eher kleinen, stachligen Herrn, gekleidet in eine Art militärischen Zivildress, zuvorgekommen, der gleichfalls auf die freien Plätze spekuliert hat – für sich selber und die vom BE, der eine *enttäuschte Schnute* zeigt: »Scheiße!« gespurtet ist *wie ein DKW*, ein sogenannter Deka-Wuppdich. – »Leider«, muß Bubi Blazezak ihm antworten, »Sie sehen ja selbst! Schon besetzt!«, um im selben Atemzug hochzufahren, wenn auch noch schwankend: Vor ihm steht Brecht vom Theater am Schiffbauerdamm, Bertolt Brecht vom BE, der eine *enttäuschte Schnute* zeigt: »Scheiße!«, sagt Bertolt Brecht, »und das ist hier so eine gemütliche Ecke! ...« Und wiederholt dann die Worte, die er im Januar anläßlich der *Eröffnung* des neuen Kulturministeriums geprägt hat: »Es liegt jetzt bei den Schriftstellern und Künstlern, neue Initiative zu entwickeln, das heißt: KÜHNHEIT, PHANTASIE, WEISHEIT und HUMOR!« Und Bubi erkennend: »Ach, *Sie* sinds, Kollege Blazezak ...« Bubi schüttelt mit beiden Händen schleudrig die beiden Hände Bert Brechts, Entschuldigung über Entschuldigung stammelnd: »Hätte ich das gewußt ... Eine halbe Sekunde früher gekommen ... Doch leider, leider ...« Bertolt »Engelficker« Brecht (56) blickt mißmutig, strafend auf den Mönch und die Nonne hinab, während der Mönch und die Nonne erwartungsvoll hinaufsehen, hoffend zu Bubi Blazezak, da Brecht wie nebenher fallenläßt: »Wissen Sie, Genosse Blazezak, ich hätte wohl leicht eine Rolle für Sie! Wenn Sie sich morgen früh um fünf bei Helene Weigel melden möchten! Damals, wie Sie uns den *schwarzen Draht* besorgt haben für den Mutter-Courage-Wagen, das vergessen wir Ihnen nie!« – »Um fünf?«, vergewissert sich Bubi und schüttelt bedauernd den Kopf: »*Zu meinem Leidwesen,* hier ist alles besetzt! Ich kann wirklich nichts machen!« – Brecht lacht m e t a l l i s c h und beunruhigend in die Nacht: »Hören Sie sich wenigstens mein neues Gedicht an, kürzlich an einem Tisch *wie diesem* geschrieben! Darf ich?« Und ohne eine Antwort abzuwarten, zieht er ein Manuskriptchen aus seiner Hintertasche – Becher trug, man erinnert sich, seines über dem Herzen –, nennt den Titel »Die Musen« und rezitiert mit zigarrengeschädigter Stimme den Text:

»Wenn der Eiserne sie prügelt
Singen die Musen lauter.
Aus gebläuten Augen
Himmeln sie ihn hündisch an.
Der Hintern zuckt vor Schmerz
Die Scham vor Begierde.«

»Trotzdem«, ermannt sich Bubi, »hier ist besetzt! Die andere Partei ist zuerst dagewesen! Das müssen Sie doch einsehen, wirklich, Herr Brecht!« Mit, wie es den Anschein hat, schwindendem Optimismus erkundigt sich Brecht: »Gefallen Ihnen die Verse denn nicht?« Bubi Blazezak hat naturgemäß bei Stichworten wie »Begierde«, »Hintern« und »prügelt« an Welta Dau und Malchen Murremaul, die Masochistinnen, denken müssen; er murmelt verlegen: »Naja, ein bißchen unanständig vielleicht! Aber dafür bürgt ja der Name Brecht!« Der Stückeschreiber lacht quecksilbrig und gefährlich ins Dunkel, entscheidet sich, welche Selbstüberwindung!, bei seinem Abgang in Richtung Käthe aber dann doch noch *für Freundlichkeit* und grinst Bubi zum Abschied zu: »Schönen Gruß auch an Ihre Lebensgefährtin Frau Heukenkamp-Schlenstedt!« Bubi grinst zurück: »Danke! Gleichfalls!«, läßt sich aufseufzend niederkrachen auf seinen Stuhl und wendet sich, an der Nonne schamhaft vorbeiblickend, zu dem blatternarbigen Mönch: »Sie sehen ja selbst ...« (Man wird sie von hier und heute an mit anderen Augen lesen müssen, die wenig später und quasi in Versform vorgetragenen Erwägungen Brechts betreffs der Gestaltung seiner Grabstätte – ob sie berücksichtigt wurden, läßt sich leicht nachkontrollieren –: »Ich benötige keinen Grabstein, aber / Wenn ihr einen für mich benötigt / Wünschte ich, es stünde darauf: / *Er hat Vorschläge gemacht. Wir / Haben sie angenommen.* / Durch eine solche Inschrift wären / *Wir alle* geehrt.«) –//– Daß seine unforcierte Strenge und unsere geduldige Arbeit mit dem Menschen »brecht« imponiert hat, ist von Bubi Blazezak längst wahrgenommen, besser, erspürt: Die Pupillen der entflammten und merklich lebenshungrigen jungen Ordensfrau sind starr und glimmend auf seine (jäh erbebenden und heftig herausgestülpten) Lippen gerichtet, als wäre von der dreifach geschwungenen Linie zumal der oberen die Lösung ihrer Lebensproblematik abzulesen, ein neuer Lebensabschnitt, die Schlußphase ihrer Jungfräulichkeit. Nicht erst seit heute (weiß Bubi Blazezak nur kurze Zeit später), aber seit heute erst recht ist es die Absicht des erfolgversprechenden Mädchens, der überstrengen Disziplin eines Ordens den Rücken zu zeigen, welcher neben anderem das besondere Gelübde abgelegt hat – Bubi will seinen Ohren kaum trauen –, unter der Ordenstracht prinzipiell keinen Schlüpfer oder andersförmige Unterwäsche zu tragen – »Wollen Sie sich überzeugen, Sie guter Mensch!« Kein Zweifel jedenfalls, daß die Nonne tatkräftig-kühner Hilfe bedarf; und fraglos darf sie unter solchen Umständen *hundertprozentig* mit Bubis Beistand, mit Bubis Erfahrenheit rechnen: Blasenerkältungen sind ihm ein Greuel ...* Über den Kopf ihres wahrhaft düsteren Begleiters hinweg, eines Nonplusultra der Wachsamkeit sonst, hat man sich alsbald über Einzelheiten verständigt, was insofern nicht schwer fällt, als der blatternarbige Dunkelmann, eine Sprachbegabung mitnichten, ein einziges Idiom nur beherrscht, das Südwest-Macedonische nämlich, mit welchem er sich in Prenzlauer Berg und Mitte zur Not gerade noch in älteren Tabakläden orientieren kann ... Ach, nur rasch dem knöchernen Zugriff von Monsignore entfliehen! Zu diesem Zweck spielt Bubi Blazezak zunächst einmal nur die Rolle des unverdient Harmlosen: »Robert Blazezak«, sagt er und deutet auf seinen charakteristischen Brustkorb: »Ich – Bla ... ze ... zak – verstähen?« Nickt er verneinend, der Blatternarbige, lächelt er ernst?, da er sich ebenfalls vorstellt?: »Putti di Nutti!« Währenddessen haben sich unterhalb der Tischplatte zwei der milchweißen Knie der Nonne und eines der eher morbiden und marmorbleichen Bubi Blazezaks gesucht und gefunden und signalisieren sich gegenseitig in Morseschrift: »Beim nächsten günstigen Augenblick – auf und davon!« (Von den beiden verschiedengeschlecht-

* *Anmerkung* // Am Unglück der Menschen sind im wesentlichen die Dichter, besser: die *unorganisierten* Dichter schuld, wie wenigstens offiziellerseits längst begriffen worden ist – »An die Wand stellen die Pimpfe!, wenn möglich, noch heute!« –, und auch in dem vorliegenden Nonnen-Fall führen die Spuren selbstverständlich zu einem sogenannten Erz-Poeten, nämlich direkt zu Peter Altenberg, dem quasi heiligen Peter von Wien, welcher seinerzeit dekretiert hat (wortwörtlich): »Schöne Frauen, traget Socken, Sommer und Winter lang, *und keinerlei Unterkleider*! Es macht euch widerstandsfähig und rosig ...« – Wer dann den dichterischen Wahnwitz ausbaden muß, ist auch in diesem Fall wieder der kleine Mann auf der Straße u. ä.! (B. »B.« B.)

lichen Verschwörern ins Auge gefaßt ist wirklich das anspruchsvolle Monaco? Bubi soll wirklich mit dem Gedanken der »Republikflucht« gespielt haben damals? Man kann es schwer glauben!) *Oberhalb der Tischplatte* gaukelt der Wahl- und Urberliner dem macedonischen Gottesmann in Taubstummensprache (die er für eine Art Esperanto zu halten scheint) den *persönlich* am Ordensleben Interessierten vor und plaudert und plappert und plauscht, alles vollkommen lautlos ... Der günstige Augenblick für unsere beiden Ausreisewütigen scheint gekommen zu sein, als an der fernen Drehtür wieder einmal eine der beliebten tumultuösen Szenen sich anbahnt, wie sie dem geselligen Beisammensein im PECE die entscheidende Würze zu geben bestimmt sind, ein vorerst bedauerlicherweise nur *mittelmäßiger Knies,* bedeutend genug indessen (da eine gepfefferte Prügelei für heute noch aussteht), um sämtliche Köpfe – CAFÉ WENDEHALS lautet der zweite Name des PRESSE-CAFÉS – hochrasseln zu lassen sowie herumsausen, um es poetisch zu formulieren: wie zwölf Dutzend Fliegenklatschen zugleich – – – Kein Geringerer als der schon eingeführte Johannes R. Becher ist es, welcher sich, seine klobige Brille als Waffe benutzend, durchgekämpft hat bis zur Garderobiere, dem PECE und vornehmlich Bubi Blazezak für heute ein letztes Mal seine Meinung zu sagen – siehe auch NDL 8/55! –, wie immer bei Becher historische, später von der Literaturwissenschaft der DDR gnadenlos in den Rang von Bibel-Stellen erhobene Worte: »Wir stehen«, ruft Johannes R. Becher seinen Gegnern, doch auch seinen Anhängern zu, »wir stehen auf dem Standpunkt, daß es *erlaubt ist, eine Meinung zu haben ...«* (Starker Beifall zumal aus den hinteren Rängen) »Zum Beispiel, daß der Minister Becher schlechte Gedichte schreibt ...« (Unruhe rechts und links) »Wenn diese freie Meinung *aufgehoben* würde, *dann* wären die Gedichte tatsächlich hundsmiserabel schlecht ...« (Starker, lang anhaltender Beifall; alle erheben sich mit rätselndem Gesichtsausdruck von den Plätzen.) – »Immerhinque«, vernimmt man die halb-gebildete Antwort eines münsterländischberlinischen Männer-Organs; wie man sich denken kann: Bubi Blazezak!, welcher mit solchen Worten nun gleichfalls seine Meinung freimütig zur Diskussion stellt: »Na, immerhin!« (Heiterkeit unter den Säufertischen: Kurt Mühle und Konsorten?) *Verjuxt, verjessen, passé*! ... Unterbrochen wird der leidenschaftliche Meinungsstreit – das Übliche!, mögen Unverständige murren –, gleichsam überrollt die vielversprechende Auseinandersetzung, da mehrere S-Bahnzüge gleichzeitig in die dröhnende Halle des Bahnhofs Friedrichstraße einfahren, außerdem, nach dem Persilgeruch zu urteilen, irgendein fauchender INTERZONEN-Zug (heute als TRANSIT-Expreß im Gespräch) höchstwahrscheinlich aus Düsseldorf-Kappeshamm, achja!, achja!, so daß ein seeschlachten-ähnliches Gegrolle, Gegrunze, Gedonner auf die Friedrichstraße hinabrollt (Becher ist, empört über derlei durch nichts zu entschuldigende prosaische Störung, lästernd verduftet), hineinrollt nur wenig später in das PRESSE-CAFÉ, wo jedermann (Becher ein Sonderfall auch in dieser Beziehung) es überaus dankbar entgegennimmt, das extraordinair-verheißungsvolle Rattatata, vor allen anderen naturgemäß die wilde Katastrophengeilheit eines Tutti di Frutti oder Caputti: knabenhafte Glückseligkeit das ganze spiralige Männchen!, spitzer Sadismus ... –//– »Ja, ein Gewitter«, äußert vieldeutig und *bewußt irritierend* Bubi Blazezak, »ein Gewitter hat uns in solchem Zusammenhang just noch gefehlt – fern aller väterlichen Behausung! Wenn wir uns dranhalten, Schwester, schaffen wir es vielleicht gerade so eben bis zum PRESSE-CAFÉ! Kommen Sie, Schwester, schnell!« Und Bubi Blazezak saugt die Schwester Nonne, von Kennern Eulalia geheißen, aus ihrer *Sitzgelegenheit* hoch, schleift die Stolpernde, fast Stürzende hinter sich her, *zur Gänze männliche Unbedingtheit* mit einem Mal der sonst eher samtweiche Blatzi, schleudert sie hinein in die schmale Schneise zwischen den schmatzenden Tischen und hinüber zum breiteren Hauptwanderweg (»Sehen Sie, Schwester, das Rennsteig-Zeichen!«); und ohne Landkarte, ohne Kompaß, doch vor allzu ärgerlichen Umwegen glücklicherweise bewahrt dank Bubis untrüglichem Ortssinn, biegen sie auf die Kamm-Route ein, *schnicki-schnacki* hinwegsetzend über die Journalisten-Beine mehrerer Hemisphären wie auch die nylonbestrumpften, hin und wieder schon nadelnden Extremitäten des duftigsten Damenflors von Mitte und Prenzlauer Berg ... Monsignore Putti di Nutti aber lauscht immer noch und *bis ins Tiefste* entzückt dem Grollen der S-Bahn nach – könnte nicht auch ein kleineres Seegefecht in Erwägung gezogen werden, ein sich mählich ins märkische Seengebiet verziehendes Geplänkel zwischen den schneidigen Kanonenbooten von Dahme und Spree? –, in das sich inzwischen ein gefeierter Baß-Bariton des nahegelegenen METRONOM-THEATERS eingemischt hat, ein Schlagzeug, das bellende Steinschläge imitiert, eine ausufernd röhrende Hirschkuh ... »Dort – durch dieses mächtige Felsentor zu unserer Rechten!«, ruft Bubi Blazezak Eulalia zu, »ein wenig riskanter zwar dieser Pfad!, dafür wesentlich kürzer ...«; Bubi Blazezaks ausgestreckte Rechte weist auf die Garderobe des PECE und in die Dämmerungen und Waldungen hinter dem Garderobentisch, die manches Versteck bieten mögen; und schon ist der *ausgetrickste* Alpinist auf die wieder einmal von der Garderobiere allein gelassene Felsennase gesprungen, schon hat er sich gentleman-like und hilfreich niedergehockt, um mit beiden Händen die Nonne zu sich heraufzuheben und hinüberzugeleiten zum rettenden JOHANNES-R.-BECHER-Plateau: – drüben in der sandigen und kaktusübersäten Ebene, die man hinter sich ließ, sieht man drei protestantisch eingestellte amerikanische Sensationsreporter ihren bösen Scherz mit Monsignore Putti di Nutti treiben, dem Vertreter des Katholizismus – »Fight for America! Fight for Blazezak!«, peitschen sich die drei zu allerlei Unarten auf –, nachdem sie den nur seiner Pflicht obliegenden Würdenträger mit Kaugummis an der Tischplatte festgeklebt haben – WRIGLEYS!, da hilft auch kein flehender oder kokettierender Blick in die Höhe, da bleibt Putti di Nutti nur das Geständnis seiner vollkommenen Ohnmacht, kontrastierend zu dem verworfenen Stolz in den von Weltekel und Sprachunkenntnis geprägten Zügen! (Übrigens kann Bubi Blazezak die drei AMI-Journalisten und Deutschland-Spezialisten ersten Ranges in *gewisser Weise* verstehen: Ständig dazu gezwungen, *dem Senator* Beweise ihrer Hörigkeit und unbefleckten Empfängnis zu geben und gegen ihre Neigungen einem *allzu plumpen*

Antikommunismus zu huldigen in ihren Artikeln, was bleibt ihnen denn als Exzess und *ansatzweise* geistige Impotenz? Haben die drei nicht Bubi Blazezak angefleht, ihren Antikommunismus *nur als Literatur* aufzufassen? Bubis Meinung über den Reporterberuf: »Arme Schweine eigentlich im Grunde ihres Herzens! Immer wie *unter dem Strich*!«) Bubi und die Nonne, von leisem Mitleid erfüllt für alle dort unten im Bodennebel und unschlüssig einen Moment lang und *wirklichkeitsfremd meditierend* – zur Entscheidung zwingt die beiden die *sauerstoffarme L'art-pourL'art-Atmosphäre,* die sich unangenehm bemerkbar macht und das Husten (Bubi) und Hüsteln (die Nonne) spürbar erschwert. – »Gleich ist es geschafft!«, rafft Bubi sich auf und beruhigt die Nonne mit der Erklärung: »Der schwarzbraune Felsenspalt drunten sieht schlimmer aus, als es scheinen mag!« Und ergreift ihren Arm: »Kommen Sie, Schwester, ein bißchen Zivilcourage, ein bißchen Mumm!« Und die Nonne und Bubi haben sich wie ein Geschwisterpaar an den Händen gefaßt, wenn sie hinabhüpfen in die Garderobe, das Gewirr von Lodenmänteln, Aktenordnern und Aktentaschen, Gesangbüchern, Nuttenbeuteln, Einkaufsnetzen mit Rosenkohl, Westpaketen, Ostpaketen, zwei Aschenbechern mit immer noch schwelenden Zigarettenkippen der Garderobiere – und zusammenschlägt über den beiden Ausreißern eine rauch- und parfümgeschwängerte, stinkige Woge, von welcher die Nonne augenblicklich aus Bubis Gesichtsfeld gespült wird – »Eulalia! Eulalia!« – und, hoffentlich!, angespült und abgelegt wird an irgendeinem lieblichen Ufer*; während Bubi Blazezak – was ist

* *Anmerkung.* // Immer wieder werde ich nach Lesungen draußen im Land von unseren Menschen gefragt, was denn nun eigentlich geworden sei aus der Nonne, aus Schwester Eulalia, dieser »bewegenden Frauengestalt«; es ist (authentisch!!!) die mit weitem Abstand häufigste Frage, die dem Autor nach der Präsentation der obigen Prosa *aus dem Publikum heraus* gestellt worden ist, ob in Wernesgrün oder in Wurzen, in Bad Suderode oder in Bautzen, in Klein-Purzel oder in Ober-Pölzig: »Das würde die Kolleginnen und Kollegen hier um mich 'rum ganz brennend interessieren ... Hat sie einen passenden Partner gefunden, diese Eulalia, ist sie einigermaßen glücklich geworden im Laufe der Zeit?« – Die Nachforschungen, die ich im Interesse meines Kundenkreises

denn das? Eine tolle Gemeinheit! – auf einer Art Kohlenrutsche in die Tiefe hinabsaust und auf einem Transportband landet, das ihn ins rattendurchzischelte Dunkel unter der Friedrichstraße transportiert, in die geheimnisbetonte Welt der Kanalisation, hongkonglike, und in Sekundenschnelle in ein anderes Lokal – »Nationalpreisträger Professor Franz Konwitschny!«, tönt es durch Gully-Ritzen dem Vorüberflitzenden nach, »bitte, sofort ans Dirigentenpult kommen! Herr Professor Nationalpreisträger Konwi...« –, und vorbei!, und durch Dunkel in Blitzesschnelle wieder ins Licht transportiert, in das blutrot getönte des

angestellt habe, lassen leider keinen Zweifel daran: Schwester Eulalia ist bereits vor geraumer Zeit und in einem Zustand, der sich von dem der Volltrunkenheit kaum unterschied, im mittleren, mehr als bedenklichen Teil der Friedrichstraße von einer Polizeistreife aufgegriffen worden, und zwar in der Nähe des berüchtigten PRESSE-CAFÉS, um nach drei Wochen von unseren Organen ihrem Orden korrekt wieder zugeführt zu werden, d. h. zurück in die geistesabwesend gilbenden Arme einer unaufhörlich kichernden Mutter Oberin und unter die dornengespickten Fittiche des grell und intellektualistisch auflachenden Putti di Nutti. (Die notorischen Christen unter den Lesern dieses Buches werden sich vielleicht noch des diesbezüglichen Ausspruchs von Generalmajor Kremplitz erinnern: »*Wir,* die Organe, achten die unterschiedlichsten religiösen Empfindungen, Glaubenssätze und sonstigen kirchlichen Irrtümer – im Unterschied zu gewissen ›Auch-Schriftstellern‹ mit Eddi Endler und Bobbi Bergermann an der Spitze ... *Uns* ist ›Gotteslästerung‹ vom Wesen her fremd; und daran wird sich in absehbarer Zukunft nichts ändern ...«) Dem Verfasser ist es nach wochenlanger vergeblicher Mühe gelungen, für einige wenige Minuten Schwester Eulalia in einem abgelegenen Winkel der Kloster-Sauna abzufangen und zehn oder zwanzig Worte mit ihr zu wechseln – vor allem im Hinblick auf das sogenannte »Unten-Ohne-Gelübde« –, ohne etwas Besseres zu erfahren, als daß sich für die *zwischenzeitlich* gereifte Nonne seit damals nur wenig geändert hat: »Überprüfung ist immer dienstags und freitags!, gelegentlich auch häufiger und ganz überraschend. *Das hält keine Sau aus*! Wir sind schon arg durchgedreht alle. – Hauptprüfer ist immer noch das Oberferkel Putti di Nutti! Nicht das winzigste Fädchen im Schamhaar entgeht seiner Revision ... Übrigens: Könnten Sie mir nicht heimlich 'mal 'was von *de Sade* besorgen ...?« In diesem Augenblick wurden wir unterbrochen; ich mußte das Weite suchen, ohne der Nonne auch nur ansatzweise geholfen zu haben ... Eh, könnten Sie mir nicht heimlich 'mal 'was von de Sade besorgen? (B. »B.« B.)

exklusiven ZIGEUNERKELLERS, wo unser Held, vom Schwung der Fahrt (wie Bubi selber es umschrieben hat) *zum Rollmops gemacht,* vor den Füßen einer nicht nur in körperlicher Hinsicht mächtigen Negerin, jawohl, einer NEGERIN ausrollt... (Sogenannte »Männer-Phantasien«? Wohl kaum! Dagegen spricht nicht zuletzt die beispielhafte »Treue des Details« – das englische *engels-sche* »truth of detail«, neuerdings unter Umständen als »Stimmigkeit« zu übersetzen –, wie sie aus den Erzählungen Bubi Blazezaks hinübergerettet werden konnte in diesen Bericht:) Sofort wird imponierend gebieterisch der Pfennigabsatz eines westlichen Modeschuhs auf Bubi Blazezak gestellt, und zwar auf den Hals, präziser noch: auf Bubis enervierend verwahrlosten Schlipsknoten (um auch im Nebensächlichen genau zu verfahren); ein hoheitsvolles Handzeichen von der königlichen Erscheinung her bedeutet dem Mann aus Mitte, vor ihrem taxierenden Auge, ihrem Monokel brav und in zusammengekuschelter Haltung Platz zu nehmen, sodann bei Oberkellner Schmoll zu bestellen, was immer das Herze begehrt. – »Ein PILS und 'n DOPPELTEN KLAREN!«, nickt Bubi Blazezak, und übersetzt für die *immer interessiertere* Ausländerin: »NE MOLLE und 'n KORN!« – Kein *unkluger Schachzug* diese Bestellung (wie Bubi Blazezak dem Verfasser gestehen mußte); denn während Oberkellner Schmoll exklusiv den Korn und das Bier mit entzückenden Petersilie-Sträußchen garniert, kann sich Bubi von diesem seinem Bekannten ausgiebig darlegen lassen, was die rätselvollen Ereignisse *eigentlich alles bedeuten*... –//– PS.: Es mag vier Uhr morgens oder bereits halb fünf sein, als die Volkspolizisten an der Sektorengrenze salutierend den Wagen einer zentralafrikanischen Fürstin passieren lassen und zu spät den mit einem Teller Fondue in der Hand im Fonds des phantastischen FORD fabulierenden weißhäutigen Kollegen gewahren – *eine Entführung*? (Wieder einmal eine der so realitätsfernen sogenannten »Theorien« der Sicherheit anbetrachts nicht ganz so fahrplanmäßiger Ereignisse! Dabei ist die Erklärung einfach genug; dabei liegt sie auf der Hand: Es handelt sich bei der Dame um die, leider Gottes, *reichlich reaktionär* orientierte und mit dem PENTAGON liebäugelnde siebenundvierzigjährige Fürstin Billa »Ma« Ritze; zu kurzem Einkaufsbummel, Maschinengewehrmunition und Diverses, gelandet in Westberlin, und dann völlig vernarrt in den Demokratischen Sektor, in den ZIGEUNERKELLER und nun auch noch in Bubi Blazezak; ja, was die Welt kaum für möglich gehalten, es geschah, es geschieht – und einige Milliönchen wird es kosten, Springer abzubringen von der Publikation der Fortsetzungs-Story in BILD: Billa »Ma« Ritze, als sie Bubi durch ihr Monokel von allen Seiten geprüft hat, wendet für einige Tage ihren Blick vom PENTAGON ab, läßt Afrika Afrika sein und fünfe gerade, vergißt ihren Schwur auf das Dreiecksverhältnis mit ihrer dänischen Dolmetscherin und dem stammesverwandten Chauffeur, Bubi wird mit der linken Hand in den FORD der Fürstin geworfen, nur rasch noch die *märchenhafte Rechnung* bezahlt; abbraust man nach Westberlin.) Die Windrichtung steht recht günstig an diesem Morgen für einen heimatverbundenen Bürger der DDR –: an Bubi Blazezaks Ohr, schon halb den schwappenden Sumpfgeräuschen von Berlin-West zugewandt, schlägt eine jähe Sturmbö noch einmal vertrautere östliche Laute und Irrtümer, eigentlich Wortfetzen nur: »Genosse Major, ich habe eine Wahrnehmung gemacht...«; und die berechtigte scharfe Antwort: *»Das wird Ihnen teuer zu stehen kommen*... Gnade Ihnen Gott, wenn das Nationalpreisträger Franz Konwitschny... Beethovens NEUNTE!!!... Walter Ulbricht... begraben lassen...« – Bubi Blazezaks *Sorge um den Menschen*: »Wenn ich dran denke, tun mir die Leute an der Grenze richtig ein bißchen leid! Ich hätte mich nicht verstecken sollen da hinten im Wagen! Stell' dir vor, daß wegen *mir* so'n schußliges Würstchen wegen *Träumen im Dienst* nach Mittweida versetzt wird! Man muß mehr an die anderen denken, wenn man irgendwas tut!«

Chanson zwo

Schiefe Gedankenstütze, gewiß, doch eine selber gefertigte ist es (nicht die aus dem Automaten geziepte, die Krücke); und zweifelsohne sogar die schmutzigeren Gedankensprünge stützt sie ganz trefflich, die schielende, besser: melierte, an welcher der Autor grabeinwärts humpumpelt; das wenigstens solltest Du wissen, mein restliches Kind! / Kein sogenanntes hundertprozentiges Ja, kein sogenanntes entschiedenes Nein – oh Milchstraßenfetzen, Ihr hängenden Zungen der Zeugen! –; ausschließlich orientiert an dieser von vornherein wurzellosen (auch bis in ihr oberstes Stockwerk verkoteten) eigenhändig gefrästen Gedankenstütze, humpumpelt der Autor grabeinwärts; man könnte ihn schmunzeln sehen, wenn man zu sehen gelernt hätte, Kind! / Man könnte, wenn man zu hören gelernt hätte, unverhofft hören, wie er zu sprechen beginnt: – *Alle Ihr hochgezwitscherten Nullen* (spricht er), *ob vor oder hinter dem Komma, möget Spalier bilden für den Größeren, welcher sich sinngemäß aus dem einen EffEff in das andere oder wahlweise quer durchs Gemüsebeet* (spricht er) *ins sogenannte Blaue verpfeift... Dem Humpumpelnden eine Gasse*!

Dorotheenstädtischer Friedhof (I)

»... wie lange schon lag Curd begraben auf dem alten Friedhof, auf dem eine Grabstätte zu erhalten eine Auszeichnung war, wegen der er, Hans Collin, unter Hinweis auf seine Verdienste und Orden höheren Orts bereits vorgesprochen hatte ...« (Stefan Heym: Collin)

Hier anzukommen, nach wie vor gilt es der Geisteswelt
(auch mir) als lohnendes Lebensziel!
Der ist für alle Zeiten aus dem Schneider raus!, der
hats erreicht, der hier ein Grab gewonnen!
Für einen Platz in dieser Nekropole gab es schon so
manches hoch riskante Spiel;
Ein einziges Exempel: Nicht zu weit von Bertolt Brecht
liegt doch noch – ehrlich! – Arnolt
Bronnen.
Hier anzukommen, ja, bedenk auch ich mal den, mal jenen
idiotensichren Plan,
Wenn ich am Dorotheenstädtischen vorbeifahr ... (Stets
vorausgesetzt: *Ich bin im Tran!*

Dorotheenstädtischer Friedhof (II)

1

Der Autor Friedrich Eisenlohr
Lauschte in die Zeit mit straffem Ohr,
Schrieb aber wenig und schwach;
Anbetrachts des blicklos', stumm' und tauben Steins
Lauscht jetzt meins.

2

Ich hör den Politbürokrach,
Hör die Risse in dem und dem Dach,
Neue Lieder rings, *relativ flach,*
(Der ich dutzendfach bessere mach!),
Ich höre mein eigenes Ach.

3

Beschlossen vor diesem Erinnerungsmal:
Das Leben vernünftig zu nutzen,
Wie meine Mutter es mir befahl,
Und meinen Restzahn zu putzen . . .
    Dir, Eisenlohr (Friedrich), zur Ehr'
    Dem Zahnverfall Gegenwehr!

Etymologisches / Ein Nachtrag

Löschpapier! – Welch ein unergründliches Wort wieder!, schwerlich auszuschöpfen zur Gänze in einem einzigen Menschenleben oder mit zittrigem Arm gar! . . . Geh-Gips muß her? –//– Oder *Fassonschnitt*! Auch diesen fünf Silben darf man nicht länger als einen Vormittag nachgrübeln wollen, falls man sich nicht in seinen eigenen Kopf greifen möchte zuletzt! *Fassonschnitt*!; es ist nicht zu fassen! –//– G. dagegen verwendet die Wörter nach wie vor zielstrebig und von Herzensgrund auf wie nur Vater Rhein zwischen Konstanz und Xanten; *fließendes Deutsch*!, man muß es G. bestätigen dürfen, ehe es kracht –

Adolf Endler, geboren 1930 in Düsseldorf; siedelte 1955 in die DDR über; lebt heute als freiberuflicher Schriftsteller in Leipzig; war in mehreren Berufen tätig, u. a. Transportarbeiter und Kranführer. Wichtigste Werke *Erwacht ohne Furcht,* Gedichte (1960), *Die Kinder der Nibelungen,* Gedichte (1954), *Das Sandkorn,* Gedichte (1974), *Zwei Versuche, über Georgien zu erzählen,* Prosa (1976). *»Akte Endler«,* Gedichte (1982). In der BRD erschienen: *Nackt mit Brille,* Gedichte (1975), *Verwirrte klare Botschaften,* Gedichte (1979) und *Nadelkissen,* Kleine Prosa (1980).